De l'éducation d'un h

ou des premiers développer

moraux du jeune sauvage de l'Aveyron

Jean Marc Gaspard Itard

Alpha Editions

This edition published in 2023

ISBN : 9789357955683

Design and Setting By
Alpha Editions
www.alphaedis.com
Email - info@alphaedis.com

AVANT-PROPOS

Jeté sur ce globe, sans forces physiques et sans idées innées, hors d'état d'obéir par lui-même aux lois constitutionnelles de son organisation, qui l'appellent au premier rang du systême des êtres, l'homme ne peut trouver qu'au sein de la société la place éminente qui lui fut marquée dans la nature, et serait sans la civilisation, un des plus faibles et des moins intelligens des animaux: vérité, sans doute, bien rebattue, mais qu'on n'a point encore rigoureusement démontrée. Les philosophes qui l'ont émise les premiers, ceux qui l'ont ensuite soutenue et propagée, en ont donné pour preuve, l'état physique et moral de quelques peuplades errantes, qu'ils ont regardées comme non civilisées, parce qu'elles ne l'étaient point à notre manière, et chez lesquelles ils ont été puiser les traits de l'homme dans le pur état de nature. Non, quoi qu'on en dise, ce n'est point là encore qu'il faut le chercher et l'étudier. Dans la horde sauvage la plus vagabonde, comme dans la nation d'Europe la plus civilisée, l'homme n'est que ce qu'on le fait être; nécessairement élevé par ses semblables, il en a contracté les habitudes et les besoins; ses idées ne sont plus à lui; il a joui de la plus belle prérogative de son espèce, la susceptibilité de développer son entendement par la force de l'imitation et l'influence de la société.

On devait donc chercher ailleurs le type de l'homme véritablement sauvage, de celui qui ne doit rien à ses pareils, et le déduire des histoires particulières du petit nombre d'individus qui, dans le cours du 17e. siècle, et au commencement du 18e., ont été trouvés, à différens intervalles, vivant isolément dans les bois où ils avaient été abandonnés dès l'âge le plus tendre[1]. Mais telle était, dans ces tems reculés, la marche défectueuse de l'étude de la science livrée à la manie des explications, à l'incertitude des hypothèses, et au travail exclusif du cabinet, que l'observation n'était comptée pour rien, et que ces faits précieux furent perdus pour l'histoire naturelle de l'homme. Tout ce qu'en ont laissé les auteurs contemporains se réduit à quelques détails insignifians, dont le résultat le plus frappant et le plus général, est que ces individus ne furent susceptibles d'aucun perfectionnement bien marqué; sans doute, parce qu'on voulut appliquer à leur éducation, et sans égard pour la différence de leurs organes, le systême ordinaire de l'enseignement social. Si cette application eût un succès complet chez la fille sauvage trouvée en France vers le commencement du siècle dernier, c'est qu'ayant vécu dans les bois avec une compagne, elle devait déjà à cette simple association un certain développement de ses facultés intellectuelles, une véritable éducation, telle que l'admet Condillac[2], quand il suppose deux enfans abandonnés dans une solitude profonde, et chez lesquels la seule influence de leur co-habitation, dût donner essor à leur mémoire, à leur imagination, et leur faire créer même un petit nombre de signes: supposition ingénieuse, que justifie pleinement l'histoire de cette même fille, chez laquelle la mémoire se trouvait développée au point de lui retracer quelques circonstances de son séjour dans les bois, et très en détail sur-tout la mort violente de sa compagne[3]. Dépourvus de ces avantages, les autres enfans, trouvés dans un état d'isolement individuel, n'apportèrent dans la société que des facultés profondément engourdies, contre lesquelles durent échouer, en supposant qu'ils furent tentés et dirigés vers leur éducation, tous les efforts réunis d'une métaphysique à peine naissante, encore entravée du préjugé des idées innées, et d'une médecine, dont les vues nécessairement bornées par une doctrine toute mécanique, ne pouvaient s'élever aux considérations philosophiques des maladies de l'entendement. Éclairées du flambeau de l'analyse, et se prêtant l'une à l'autre un mutuel appui, ces deux sciences ont de nos jours dépouillé leurs vieilles erreurs, et fait des progrès immenses. Aussi avait-on lieu d'espérer que si jamais il se présentait un individu pareil à ceux dont nous venons de parler, elles *déploieraient pour son développement physique et moral toutes les ressources de leurs connaissances actuelles*; ou que du moins si cette application devenait impossible ou infructueuse, il se trouverait dans ce siècle d'observation quelqu'un qui, *recueillant avec soin l'histoire d'un être aussi étonnant, déterminerait ce qu'il est, et déduirait de ce qu'il lui manque, la somme jusqu'à présent incalculée des connaissances et des idées que l'homme doit à son éducation.*

[1] Linné en fait monter le nombre jusqu'à dix, et les présente comme formant une variété de l'espèce humaine. (*Système de la nature*).

[2] Essai sur l'origine des connaissances humaines, IIe. partie, sect. Iere.

[3] Cette fille fut prise en 1731, dans les environs de Châlons-sur-Marne, et élevée dans un couvent de religieuses, sous le nom de mademoiselle *Leblanc*. Elle raconta, quant elle sut parler, qu'elle avait vécu dans les bois avec une compagne, et qu'elle l'avait malheureusement tuée d'un violent coup sur la tête, un jour qu'ayant trouvé sur leurs pas un chapelet, elles s'en disputèrent la possession exclusive (RACINE, *poëme de la Religion*).

Cette histoire quoiqu'elle soit une des plus circonstanciées, est néanmoins si mal faite, que si l'on en retranche d'abord ce qu'il y a d'insignifiant et puis ce qu'il y a d'incroyable, elle n'offre qu'un très-petit nombre de particularités dignes d'être notées, et dont la plus remarquable est la faculté qu'avait cette jeune sauvage, de se rappeler son état passé.

Oserai-je avouer que je me suis proposé l'une et l'autre de ces deux grandes entreprises? et qu'on ne me demande point si j'ai rempli mon but. Ce serait-là une question bien prématurée, à laquelle je ne pourrai répondre qu'à une époque encore très-éloignée. Néanmoins je l'eusse attendue en silence, sans vouloir occuper le public de mes travaux, si ce n'avait été pour moi un besoin, autant qu'une obligation, de prouver, par mes premiers succès, que l'enfant sur lequel je les ai obtenus n'est point, comme on le croit généralement, un imbécille désespéré, mais un être intéressant, qui mérite, sous tous les rapports, l'attention des observateurs, et les soins particuliers qu'en fait prendre une administration éclairée et philanthropique.

DES
PREMIERS DÉVELOPPEMENS
DU JEUNE SAUVAGE
DE L'AVEYRON.

Un enfant de onze ou douze ans, que l'on avait entrevu quelques années auparavant dans les bois de la Caune, entièrement nud, cherchant des glands et des racines dont il faisait sa nourriture, fut, dans les mêmes lieux, et vers la fin de l'an 7, rencontré par trois chasseurs qui s'en saisirent au moment où il grimpait sur un arbre pour se soustraire à leurs poursuites. Conduit dans un hameau du voisinage, et confié à la garde d'une veuve, il s'évada au bout d'une semaine, et gagna les montagnes, où il erra pendant les froids les plus rigoureux de l'hiver, revêtu plutôt que couvert d'une chemise en lambeaux, se retirant pendant la nuit dans les lieux solitaires, se rapprochant, le jour, des villages voisins, menant ainsi une vie vagabonde, jusqu'au jour où il entra de son propre mouvement dans une maison habitée du canton de Saint-Sernin. Il y fut repris, surveillé et soigné pendant deux ou trois jours; transféré de là à l'hospice de Saint-Afrique, puis à Rhodez, où il fut gardé plusieurs mois. Pendant le séjour qu'il a fait dans ces différens endroits, on l'a vu toujours également farouche, impatient et mobile, chercher continuellement à s'échapper, et fournir matière aux observations les plus intéressantes, recueillies par des témoins dignes de foi, et que je n'oublierai pas de rapporter dans les articles de cet Essai, où elles pourront ressortir avec plus d'avantage[4]. Un ministre, protecteur des sciences, crut que celle de l'homme moral pourrait tirer quelques lumières de cet événement. Des ordres furent donnés pour que cet enfant fût amené à Paris. Il y arriva vers la fin de l'an 8, sous la conduite d'un pauvre et respectable vieillard, qui, obligé de s'en séparer peu de tems après, promit de revenir le prendre, et de lui servir de père, si jamais la Société venait à l'abandonner.

[4] Tout ce que je viens de dire, et ce que je dirai par la suite, sur l'histoire de cet enfant, avant son séjour à Paris, se trouve garanti par les rapports officiels des citoyens Guiraud et Constant de Saint-Estève, commissaires du Gouvernement, le premier près le canton de St-Afrique, le second près celui de St-Sernin, et par les observations du citoyen Bonaterre, Professeur d'histoire naturelle à l'école centrale du département de l'Aveyron, consignées très en détail dans sa *Notice historique sur le Sauvage de l'Aveyron*, Paris an 8.

Les espérances les plus brillantes et les moins raisonnées avaient devancé à Paris le *Sauvage de l'Aveyron*[5]. Beaucoup de curieux se faisaient une joie de voir quel serait son étonnement à la vue de toutes les belles choses de la capitale. D'un autre côté, beaucoup de personnes, recommandables d'ailleurs par leurs lumières, oubliant que nos organes sont d'autant moins flexibles, et l'imitation d'autant plus difficile, que l'homme est éloigné de la société et de l'époque de son premier âge, crurent que l'éducation de cet individu ne serait l'affaire que de quelques mois, et qu'on l'entendrait bientôt donner sur sa vie passée, les renseignemens les plus piquans. Au lieu de tout cela, que vit-on? un enfant d'une malpropreté dégoûtante, affecté de mouvemens spasmodiques et souvent convulsifs, se balançant sans relâche comme certains animaux de la ménagerie, mordant et égratignant ceux qui le contrariaient, ne témoignant aucune espèce d'affection à ceux qui le servaient; enfin, indifférent à tout, et ne donnant de l'attention à rien.

[5] Si par l'expression de *sauvage* on a entendu jusqu'à présent l'homme peu civilisé, on conviendra que celui qui ne l'est en aucune manière, mérite plus rigoureusement encore cette dénomination. Je conserverai donc à celui-ci le nom par lequel on l'a toujours désigné, jusqu'à ce que j'aie rendu compte des motifs qui m'ont déterminé à lui en donner un autre.

On conçoit facilement qu'un être de cette nature ne dût exciter qu'une curiosité momentanée. On accourut en foule, on le vit sans l'observer, on le jugea sans le connaître, et l'on n'en parla plus. Au milieu de cette indifférence générale, les administrateurs de l'Institution nationale des Sourds-Muets et son célèbre directeur n'oublièrent point que la société, en attirant à elle ce jeune infortuné, avait contracté envers lui des obligations indispensables, qu'il leur appartenait de remplir. Partageant alors les espérances que je fondais sur un traitement médical, ils décidèrent que cet enfant serait confié à mes soins.

Mais avant de présenter les détails et les résultats de cette mesure, il faut exposer le point d'où nous sommes partis, rappeler et décrire cette première époque, pour mieux apprécier celle à laquelle nous sommes parvenus, et opposant ainsi le passé au présent, déterminer ce qu'on doit attendre de l'avenir. Obligé donc de revenir sur des faits déjà connus, je les exposerai rapidement; et pour qu'on ne me soupçonne pas de les avoir exagérés dans le dessein de faire ressortir ceux que je veux leur opposer, je me permettrai de rapporter ici d'une manière très-analytique la description qu'en fit à une société savante, et dans une séance où j'eus l'honneur d'être admis, un médecin aussi avantageusement connu par son génie observateur, que par ses profondes connaissances dans les maladies de l'intellect.

Procédant d'abord par l'exposition des fonctions sensoriales du jeune sauvage, le citoyen PINEL nous présenta ses sens réduits à un tel état d'inertie, que cet infortuné se trouvait, sous ce rapport, bien inférieur à quelques-uns de nos animaux domestiques; ses yeux sans fixité, sans expression, errant vaguement d'un objet à l'autre, sans jamais s'arrêter à aucun; si peu instruits d'ailleurs, et si peu exercés par le toucher, qu'ils ne distinguaient point un objet en relief d'avec un corps en peinture; l'organe de l'ouie insensible aux bruits les plus forts comme à la musique la plus touchante; celui de la voix réduit à un état complet de mutité, et ne laissant échapper qu'un son guttural et uniforme; l'odorat si peu cultivé qu'il recevait avec la même indifférence l'odeur des parfums et l'exhalaison fétide des ordures dont sa couche était pleine; enfin l'organe du toucher restreint aux fonctions mécaniques de l'appréhension des corps.

Passant ensuite à l'état des fonctions intellectuelles de cet enfant, l'auteur du rapport nous le présenta incapable d'attention, (si ce n'est pour les objets de ses besoins), et conséquemment de toutes les opérations de l'esprit qu'entraîne cette première, dépourvu de mémoire, de jugement, et d'aptitude à l'imitation, et tellement borné dans les idées même relatives à ses besoins, qu'il n'était point encore parvenu à ouvrir une porte ni à monter sur une chaise pour atteindre les alimens qu'on élevait hors de la portée de sa main; enfin dépourvu de tout moyen de communication, n'attachant ni expression ni intention aux gestes et aux mouvemens de son corps, passant avec rapidité et sans aucun motif présumable d'une tristesse apathique aux éclats de rire les plus immodérés; insensible à toute espèce d'affections morales; son discernement n'était qu'un calcul de gloutonnerie, son plaisir une sensation agréable des organes du goût, son intelligence la susceptibilité de produire quelques idées incohérentes, relatives à ses besoins; toute son existence en un mot une vie purement animale.

Rapportant ensuite plusieurs histoires, recueillies à Bicêtre, d'enfans irrévocablement atteints d'idiotisme, le citoyen *Pinel* établît entre l'état de ces malheureux, et celui que présentait l'enfant qui nous occupe, les rapprochemens les plus rigoureux, qui donnaient nécessairement pour résultat une identité parfaite entre ces jeunes idiots et le *sauvage de l'Aveyron*. Cette identité menait nécessairement à conclure qu'atteint d'une maladie, jusqu'à présent regardée comme incurable, il n'était susceptible d'aucune espèce de sociabilité et d'instruction. Ce fut aussi la conclusion qu'en tira le citoyen *Pinel*, et qu'il accompagna néanmoins de ce doute philosophique répandu dans tous ses écrits, et que met dans ses présages celui qui sait apprécier la science du prognostic et n'y voir qu'un calcul plus ou moins incertain de probabilités et de conjectures.

Je ne partageai point cette opinion défavorable; et malgré la vérité du tableau et la justesse des rapprochemens, j'osai concevoir quelques espérances. Je les fondais sur la double considération de la *cause*, et de la *curabilité* de cet idiotisme apparent.

Je ne puis passer outre, sans m'appesantir un instant sur ces deux considérations. Elles portent encore sur le moment présent; elles reposent sur une série de faits que je dois raconter, et auxquels je me verrai forcé de mêler plus d'une fois mes propres réflexions.

Si l'on donnait à résoudre ce problême de métaphysique: *déterminer quels seraient le degré d'intelligence et la nature des idées d'un adolescent, qui, privé, dès son enfance, de toute éducation, aurait vécu entièrement séparé des individus de son espèce*; je me trompe grossièrement, ou la solution du problème se réduirait à ne donner à cet individu qu'une intelligence relative au petit nombre de ses besoins et dépouillée, par abstraction, de toutes les idées simples et complexes que nous recevons par l'éducation, et qui se combinent dans notre esprit de tant de manières, par le seul moyen de la connaissance des signes. Eh bien! le tableau moral de cet adolescent serait celui du *sauvage de l'Aveyron*; et la solution du problême donnerait la mesure et la cause de l'état intellectuel de celui-ci.

Mais pour admettre encore avec plus de raison l'existence de cette cause, il faut prouver qu'elle a agi depuis nombre d'années, et répondre à l'objection que l'on pourrait me faire et que l'on m'a déjà faite, que le prétendu sauvage, n'était qu'un pauvre imbécille que des parens, dégoûtés de lui, avaient tout récemment abandonné à l'entrée de quelque bois. Ceux qui se sont livrés à une pareille supposition, n'ont point observé cet enfant peu de tems après son arrivée à Paris. Ils auraient vu que toutes ses habitudes portaient l'empreinte d'une vie errante et solitaire: aversion insurmontable pour la société et pour ses usages, nos habillemens, nos meubles, le séjour de nos appartemens, la préparation de nos mets; indifférence profonde pour les objets de nos plaisirs et de nos besoins factices; goût passionné pour la liberté des champs, si vif encore dans son état actuel, malgré ses besoins nouveaux et ses affections naissantes, que pendant un court séjour qu'il a fait à Montmorenci, il se serait infailliblement évadé dans la forêt, sans les précautions les plus sévères, et que deux fois il s'est échappé de la maison des Sourds-Muets, malgré la surveillance de sa gouvernante; locomotion extraordinaire, pesante à la vérité depuis qu'il porte des chaussures, mais toujours remarquable par la difficulté de se régler sur notre démarche posée et mesurée, et par la tendance continuelle à prendre le trot ou le galop; habitude opiniâtre de flairer tout ce qu'on lui présente, même les corps que nous regardons comme inodores; mastication non moins étonnante encore, uniquement exécutée par l'action précipitée des dents incisives, indiquant assez, par son analogie avec celle de quelques rongeurs, qu'à l'instar de ces animaux, notre sauvage ne vivait le plus communément que de productions végétales: je dis le plus communément, car il paraît, par le trait suivant, que dans certaines circonstances il aura fait sa proie de quelques petits animaux, privés de vie. On lui présenta un jour un serin mort, et en un instant l'oiseau fut dépouillé de ses plumes, grosses et petites, ouvert avec l'ongle, flairé et rejeté.

D'autres indices d'une vie entièrement isolée, précaire et vagabonde, se déduisent de la nature et du nombre de cicatrices dont le corps de cet enfant est couvert. Sans parler de celle qu'on voit au-devant du col et dont je ferai mention ailleurs, comme appartenant à une autre cause, et méritant une attention particulière, on en compte quatre sur la figure, six le long du bras gauche, trois à quelque distance de l'épaule droite, quatre à la circonférence du pubis, une sur la fesse gauche, trois à une jambe et deux à l'autre; ce qui fait en somme vingt-trois cicatrices, dont les unes paraissent appartenir à des morsures d'animaux et les autres à des déchirures, à des écorchures plus ou moins larges, plus ou moins profondes; témoignages nombreux et ineffaçables du long et total abandon de cet infortuné, et qui, considérés sous un point de vue plus général et plus philosophique, déposent autant contre la faiblesse et l'insuffisance de l'homme livré seul à ses propres moyens, qu'en faveur des ressources de la nature, qui, selon des lois en apparence contradictoires, travaille ouvertement à réparer et à conserver ce qu'elle tend sourdement à détériorer et à détruire. Qu'on joigne à tous ces faits déduits de l'observation, ceux non moins authentiques qu'ont déposés les habitans des campagnes, voisines du bois où cet enfant a été trouvé, et l'on saura que dans les premiers jours qui suivirent son entrée dans la société, il ne se nourrissait que de glands, de pommes de terre et de châtaignes crues; qu'il ne rendait aucune espèce de son; que malgré la surveillance la plus active, il parvint plusieurs fois à s'échapper; qu'il manifesta d'abord beaucoup de répugnance à coucher dans un lit, etc.: l'on saura sur-tout qu'il avait été vu plus de cinq ans auparavant entièrement nud et fuyant à l'approche des hommes[6]; ce qui suppose qu'il était déjà, lors de sa première apparition, habitué à ce genre de vie; habitude qui ne pouvait être le résultat que de deux ans au moins de séjour dans des lieux inhabités. Ainsi cet enfant a passé dans une solitude absolue sept ans à-peu-près sur douze, qui composaient l'âge qu'il paraissait avoir quand il fut pris dans les bois de la Caune. Il est donc probable et presque prouvé qu'il y a été abandonné à l'âge de quatre ou cinq ans, et que si, à cette époque, il devait déjà quelques idées et quelques mots à un commencement d'éducation, tout cela se sera effacé de sa mémoire par suite de son isolement.

[6] Lettre du citoyen N... insérée dans le Journal des Débats, 5 pluviose an 8.

Voilà quelle me parut être la cause de son état actuel. On voit pourquoi j'en augurai favorablement pour le succès de mes soins. En effet, sous le rapport du peu de tems qu'il était parmi les hommes, le *sauvage de l'Aveyron* était bien moins un adolescent imbécille, qu'un enfant de dix ou douze mois, et un enfant qui aurait contre lui des habitudes anti-sociales, une opiniâtre inattention, des organes peu flexibles, et une sensibilité accidentellement émoussée. Sous ce dernier point de vue, sa situation devenait un cas purement médical, et dont le traitement appartenait à la médecine morale, à cet art sublime créé en Angleterre par les Willis et les Crichton, et répandu nouvellement en France par les succès et les écrits du professeur *Pinel.*

Guidé par l'esprit de leur doctrine, bien moins que par leurs préceptes, qui ne pouvaient s'adapter à ce cas imprévu, je réduisis à cinq vues principales le traitement moral ou l'éducation du *sauvage de l'Aveyron.*

Iere. vue: L'attacher à la vie sociale, en la lui rendant plus douce que celle qu'il menait alors, et sur-tout plus analogue à la vie qu'il venait de quitter.

IIe. vue: Réveiller la sensibilité nerveuse par les stimulans les plus énergiques, et quelquefois par les vives affections de l'ame.

IIIe. vue: Étendre la sphère de ses idées en lui donnant des besoins nouveaux, et en multipliant ses rapports avec les êtres environnans.

IVe. vue: Le conduire à l'usage de la parole, en déterminant l'exercice de l'imitation par la loi impérieuse de la nécessité.

Ve. vue: Exercer pendant quelque-tems sur les objets de ses besoins physiques les plus simples opérations de l'esprit, et en déterminer ensuite l'application sur des objets d'instruction.

§. I.

Iere. VUE. *L'attacher à la vie sociale, en la lui rendant plus douce que celle qu'il menait alors, et sur-tout plus analogue à la vie qu'il venait de quitter.*

Un changement brusque dans sa manière de vivre, les fréquentes importunités des curieux, quelques mauvais traitemens, effets inévitables de sa co-habitation avec des enfans de son âge, semblaient avoir éteint tout espoir de civilisation. Sa pétulante activité avait dégénéré insensiblement en une apathie sourde qui avait produit des habitudes encore plus solitaires. Aussi, à l'exception des momens où la faim l'amenait à la cuisine, on le trouvait presque toujours accroupi dans l'un des coins du jardin, ou caché au deuxième étage derrière quelques débris de maçonnerie. C'est dans ce déplorable état que l'ont vu certains curieux de Paris, et que, d'après un examen de quelques minutes, ils l'ont jugé digne d'être envoyé aux Petites Maisons; comme si la société avait le droit d'arracher un enfant à une vie libre et innocente, pour l'envoyer mourir d'ennui dans un hospice, et y expier le malheur d'avoir trompé la curiosité publique. Je crus qu'il existait un parti plus simple et sur-tout plus humain; c'était d'user envers lui de bons traitemens et de beaucoup de condescendance pour ses goûts et ses inclinations. Madme. Guérin, à qui l'administration a confié la garde spéciale de cet enfant, s'est acquitté et s'acquitte encore de cette tâche pénible avec toute la patience d'une mère et l'intelligence d'une institutrice éclairée. Loin de contrarier ses habitudes, elle a su, en quelque sorte, composer avec elles, et remplir par-là l'objet de cette première indication.

Pour peu que l'on voulût juger de la vie passée de cet enfant par ses dispositions actuelles, on voyait évidemment qu'à l'instar de certains sauvages des pays chauds, celui-ci ne connaissait que ces quatre choses: dormir, manger, ne rien faire, et courir les champs. Il fallut donc le rendre heureux à sa manière, en le couchant à la chûte du jour, en lui fournissant abondamment des alimens de son goût, en respectant son indolence, et en l'accompagnant dans ses promenades, ou plutôt dans ses courses en plein air, et cela quelque tems qu'il pût faire. Ces incursions champêtres paraissaient même lui être plus agréables, quand il survenait dans l'atmosphère un changement brusque et violent: tant il est vrai que dans quelque condition qu'il soit, l'homme est avide de sensations nouvelles. Ainsi, par exemple, quand on observait celui-ci dans l'intérieur de sa chambre, on le voyait se balançant avec une monotonie fatigante, diriger constamment ses yeux vers la croisée, et les promener tristement dans le vague de l'air extérieur. Si alors un vent orageux venait à souffler, si le soleil caché derrière les nuages se montrait tout-à-coup éclairant plus vivement l'atmosphère, c'était de bruyans éclats de rire, une joie presque convulsive, pendant laquelle toutes ses inflexions, dirigées d'arrière en avant, ressemblaient beaucoup à une sorte d'élan qu'il aurait voulu prendre pour franchir la croisée et se précipiter dans le jardin. Quelquefois, au lieu de ces mouvemens joyeux, c'était une espèce de rage frénétique; il se tordait les bras, s'appliquait les poings fermés sur les yeux, faisait entendre des grincemens de dents, et devenait dangereux pour ceux qui étaient auprès de lui.

Un matin qu'il tombait abondamment de la neige et qu'il était encore couché, il pousse un cri de joie en s'éveillant, quitte le lit, court à la fenêtre, puis à la porte, va, vient avec impatience de l'une à l'autre, s'échappe à moitié habillé, et gagne le jardin. Là, faisant éclater sa joie par les cris les plus perçans, il court, se roule dans la neige, et la ramassant par poignées, s'en repaît avec une incroyable avidité.

Mais ce n'était pas toujours d'une manière aussi vive et aussi bruyante que se manifestaient ses sensations, à la vue de ces grands effets de la Nature. Il est digne de remarque, que dans certains cas elles paraissaient emprunter l'expression calme du regret et de la mélancolie: conjecture bien hasardée, et bien opposée sans doute aux opinions des métaphysiciens, mais dont on ne pouvait se défendre quand on observait avec soin et dans quelques circonstances ce jeune infortuné. Ainsi, lorsque la rigueur du tems chassait tout le monde du jardin, c'était le moment qu'il choisissait pour y descendre. Il en faisait plusieurs fois le tour, et finissait par s'asseoir sur le bord du bassin. Je me suis souvent arrêté pendant des heures entières et avec un plaisir indicible, à l'examiner dans cette situation; à voir comme tous ces mouvemens spasmodiques et ce balancement continuel de tout son corps diminuaient, s'appaisaient par degrés, pour faire place à une attitude plus tranquille; et comme insensiblement sa figure, insignifiante ou grimacière, prenait un caractère bien prononcé de tristesse ou de rêverie mélancolique, à mesure que ses yeux s'attachaient fixément sur la surface de l'eau, et qu'il y jetait lui-même, de tems en tems, quelques débris de feuilles desséchées.— Lorsque, pendant la nuit et par un beau clair de lune, les rayons de cet astre venaient à pénétrer dans sa chambre, il manquait rarement de s'éveiller et de se placer devant la fenêtre. Il restait là, selon le rapport de sa gouvernante, pendant une partie de la nuit, debout, immobile, le col tendu, les yeux fixés vers les campagnes éclairées par la lune, et livré à une sorte d'extase contemplative, dont l'immobilité et le silence n'étaient interrompus que par une inspiration très élevée, qui revenait à de longs intervalles, et qu'accompagnait presque toujours un petit son plaintif.—Il eût été aussi inutile qu'inhumain de vouloir contrarier ces dernières habitudes, et il entrait même dans mes vues de les associer à sa nouvelle existence, pour la lui rendre plus agréable. Il n'en était pas ainsi de celles qui avaient le désavantage d'exercer continuellement son estomac et ses muscles, et de laisser par-là sans action la sensibilité des nerfs et les facultés du cerveau. Aussi dus-je m'attacher, et parvins-je à la fin, et par degrés, à rendre ses courses plus rares, ses repas moins copieux et moins fréquens, son séjour au lit beaucoup moins long, et ses journées plus profitables à son instruction.

§. II.

IIᵉ. VUE. *Réveiller la sensibilité nerveuse par les stimulans les plus énergiques, et quelquefois par les vives affections de l'ame.*

Quelques physiologistes modernes ont soupçonné que la sensibilité était en raison directe de la civilisation. Je ne crois pas que l'on en puisse donner une plus forte preuve que celle du peu de sensibilité des organes sensoriaux chez le *sauvage de l'Aveyron*. On peut s'en convaincre en reportant les yeux sur la description que j'en ai déjà présentée, et dont j'ai puisé les faits à la source la moins suspecte. J'ajouterai ici, relativement au même sujet, quelques-unes de mes observations les plus marquantes.

Plusieurs fois, dans le cours de l'hiver, je l'ai vu, en traversant le jardin des Sourds-Muets, accroupi à demi nud sur un sol humide, rester ainsi exposé pendant des heures entières à un vent froid et pluvieux. Ce n'est pas seulement pour le froid, mais encore pour une vive chaleur que l'organe de la peau et du toucher ne témoignait aucune sensibilité; il lui arrivait journellement, quand il était auprès du feu, et que des charbons ardens venaient à rouler hors de l'âtre, de les saisir avec les doigts, et de les replacer sans trop de précipitation sur des tisons enflammés. On l'a surpris plus d'une fois à la cuisine, enlevant de la même manière des pommes de terre qui cuisaient dans l'eau bouillante; et je puis assurer qu'il avait, même en ce tems-là, un épiderme fin et velouté[7]. Je suis parvenu souvent à lui remplir de tabac les cavités extérieures du nez, sans provoquer l'éternûment. Cela suppose qu'il n'existait entre l'organe de l'odorat, très-exercé d'ailleurs, et ceux de la respiration et de la vue, aucun de ces rapports sympathiques qui font partie constituante de la sensibilité de nos sens, et qui dans ce cas-ci auraient déterminé l'éternûment ou la secrétion des larmes. Ce dernier effet était encore moins subordonné aux affections tristes de l'âme; et malgré les contrariétés sans nombre, malgré les mauvais traitemens auxquels l'avait exposé, dans les premiers mois, son nouveau genre de vie, jamais je ne l'avais surpris à verser des pleurs.—L'oreille était, de tous les sens, celui qui paraissait le plus insensible. On a su cependant que le bruit d'une noix ou de tout autre corps comestible de son goût ne manquait jamais de le faire retourner. Cette observation est des plus vraies; et cependant ce même organe se montrait insensible aux bruits les plus forts et aux explosions des armes à feu. Je tirai près de lui, un jour, deux coups de pistolet; le premier parut un peu l'émouvoir, le second ne lui fit pas seulement tourner la tête.

[7] *Je lui présentai*, dit un observateur qui l'a vu à Saint-Sernin, *une grande quantité de pommes de terre; il se réjouît en les voyant, en prît dans ses mains et les jetta au feu. Il les en retira un instant après, et les mangea toutes brûlantes.*

Ainsi, en faisant abstraction de quelques cas tels que celui-ci, où le défaut d'attention de la part de l'âme pouvait simuler un manque de sensibilité dans l'organe, on trouvait néanmoins que cette propriété nerveuse était singulièrement faible dans la plupart des sens. En conséquence, il entrait dans mon plan de la développer par tous les moyens possibles, et de préparer l'esprit à l'attention, en disposant les sens à recevoir des impressions plus vives.

Des divers moyens que je mis en usage, l'effet de la chaleur me parut remplir le mieux cette indication. C'est une chose admise par les physiologistes[8] et les politiques[9] que les habitans du Midi ne doivent qu'à l'action de la chaleur sur la peau cette sensibilité exquise, si supérieure à celle des hommes du Nord. J'employai ce stimulus de toutes les manières. Ce n'était pas assez qu'il fut vétu, couché et logé bien chaudement; je lui fis donner tous les jours, et à une très-haute température, un bain de deux ou trois heures, pendant lequel on lui administrait avec la même eau des douches fréquentes sur la tête. Je ne remarquai point que la chaleur et la fréquence des bains fussent suivis de cet effet débilitant qu'on leur attribue. J'aurais même désiré que cela arrivât, bien persuadé qu'en pareil cas, la perte des forces musculaires tourne au profit de la sensibilité nerveuse. Au moins si cet effet subséquent n'eut point lieu, le premier ne trompa pas mon attente. Au bout de quelque tems notre jeune sauvage se montrait sensible à l'action du froid, se servait de la main pour reconnaître la température du bain, et refusait d'y entrer quand il n'était que médiocrement chaud. La même cause lui fit bientôt apprécier l'utilité des vêtemens, qu'il n'avait supportés jusque-là qu'avec beaucoup d'impatience. Cette utilité une fois connue, il n'y avait qu'un pas à faire pour le forcer à s'habiller lui-même. On y parvint au bout de quelques jours, en le laissant chaque matin exposé au froid à côté de ses habillemens, jusqu'à ce qu'il sût lui-même s'en revêtir. Un expédient à-peu-près pareil suffit pour lui donner en même-tems des habitudes de propreté; au point que la certitude de passer la nuit dans un lit froid et humide l'accoutuma à se lever pour satisfaire à ses besoins.

[8] *Lacase*: Idée de l'homme physique et moral.—*Laroche*: Analyse des fonctions du système nerveux.—*Fouquet*, article *Sensibilité* de l'Encyclopédie par ordre alphabétique.

[9] *Montesquieu*: Esprit des Lois, livre XIV.

Je fis joindre à l'administration des bains, l'usage des frictions sèches le long de l'épine vertébrale, et même des chatouillemens dans la région lombaire. Ce dernier moyen n'était pas un des moins excitans; je me vis même contraint de le proscrire, quand ses effets ne se bornèrent plus à produire des mouvemens de joie, mais parurent s'étendre encore aux organes de la génération, et menacer d'une direction fâcheuse les premiers mouvemens d'une puberté déjà trop précoce.

À ces stimulans divers, je dûs joindre encore ceux, non moins excitans, des affections de l'âme. Celles dont il était susceptible à cette époque se réduisaient à deux: la joie et la colère. Je ne provoquais celle-ci qu'à des distances éloignées, pour que l'accès en fut plus violent, et toujours avec une apparence bien évidente de justice. Je remarquais quelquefois alors que dans le fort de son emportement, son intelligence semblait acquérir une sorte d'extension qui lui fournissait, pour le tirer d'affaire, quelque expédient ingénieux. Une fois que nous voulions lui faire prendre un bain qui n'était encore que médiocrement chaud, et que nos instances réitérées avaient violemment allumé sa colère, voyant que sa gouvernante était peu convaincue par les fréquentes épreuves qu'il faisait lui-même, de la fraîcheur de l'eau avec le bout de ses doigts, il se retourne vers elle avec vivacité, se saisit de sa main, et la lui plonge dans la baignoire.

Que je dise encore un trait de cette nature. Un jour qu'il était dans mon cabinet, assis sur une ottomane, je vins m'asseoir à ses côtés, et placer entre nous une bouteille de Leyde légèrement chargée. Une petite commotion qu'il en avait reçue la veille, lui en avait fait connaître l'effet. À voir l'inquiétude que lui causait l'approche de cet instrument, je crus qu'il allait l'éloigner en le saisissant par le crochet. Il prit un parti plus sage: ce fut de mettre ses mains dans l'ouverture de son gilet, et de se reculer de quelques pouces, de manière que sa cuisse ne touchât plus au revêtement extérieur de la bouteille. Je me rapprochai de nouveau, et la replaçai encore entre nous. Autre mouvement de sa part; autres dispositions de la mienne. Ce petit manège continua jusqu'à ce que, rencoigné à l'extrémité de l'ottomane, se trouvant borné en arrière par la muraille, en avant par une table, et de mon côté par la fâcheuse machine, il ne lui fut plus possible d'exécuter un seul mouvement. C'est alors que saisissant le moment où j'avançais mon bras pour amener le sien, il m'abaissa très-adroitement le poignet sur le crochet de la bouteille. J'en reçus la décharge.

Mais si quelquefois, malgré l'intérêt vif que m'inspirait ce jeune orphelin, je prenais sur moi d'exciter sa colère, je ne laissais passer aucune occasion de lui procurer de la joie; et certes il n'était besoin pour y réussir d'aucun moyen difficile ni coûteux. Un rayon de soleil, reçu sur un miroir, réfléchi dans sa chambre et promené sur le plafond; un verre d'eau que l'on faisait tomber goutte à goutte et d'une certaine hauteur, sur le bout de ses doigts, pendant qu'il était dans le bain; alors aussi un peu de lait contenu dans une écuelle de bois que l'on plaçait à l'extrémité de sa baignoire, et que les oscillations de l'eau faisaient dériver peu à peu, au milieu des cris de joie, jusqu'à la portée de ses mains: voilà à-peu-près tout ce qu'il fallait pour récréer et réjouir, souvent jusqu'à l'ivresse, cet enfant de la nature.

Tels furent, entre une foule d'autres, les stimulans, tant physiques que moraux, avec lesquels je tâchai de développer la sensibilité de ses organes. J'en obtins, après trois mois, un excitement général de toutes les forces sensitives. Alors le toucher se montra sensible à l'impression des corps chauds ou froids, unis ou raboteux, mous ou résistans. Je portais, en ce tems-là, un pantalon de velours, sur lequel il semblait prendre plaisir à promener sa main. C'était avec cet organe explorateur qu'il s'assurait presque toujours du degré de cuisson de ses pommes de terre, quand, les retirant du pot avec *une cuiller*, il y appliquait ses doigts à plusieurs reprises, et se décidait, d'après l'état de mollesse ou de résistance qu'elles présentaient, à les manger ou à les rejetter dans l'eau bouillante. Quand on lui donnait un flambeau à allumer avec du papier, il n'attendait pas toujours que le feu eût pris à la mêche, pour rejetter avec précipitation le papier dont la flamme était encore bien éloignée de ses doigts. Si on l'excitait à pousser ou à porter un corps, tant soit peu résistant ou pesant, il lui arrivait quelquefois de le laisser là tout-à-coup, de regarder le bout de ses doigts, qui n'étaient assurément ni meurtris ni blessés, et de poser doucement la main dans l'ouverture de son gilet. L'odorat avait aussi gagné à ce changement. La moindre irritation portée sur cet organe provoquait l'éternuement; et je jugeai, par la frayeur dont il fut saisi la première fois que cela arriva, que c'était pour lui une chose nouvelle. Il fut, de suite, se jeter sur son lit.

Le raffinement du sens du goût était encore plus marqué. Les alimens dont cet enfant se nourrissait peu de tems après son arrivée à Paris, étaient horriblement dégoûtans. Il les traînait dans tous les coins et les paîtrissait avec ses mains, pleines d'ordures. Mais à l'époque dont je parle, il lui arrivait souvent de rejeter avec humeur tout le contenu de son assiète, dès qu'il y tombait quelque substance étrangère; et lorsqu'il avait cassé ses noix sous ses pieds, il les nétoyait avec tous les détails d'une propreté minutieuse.

Enfin les maladies, les maladies même, ces témoins irrécusables et fâcheux de la sensibilité prédominante de l'homme civilisé, vinrent attester ici le développement de ce principe de vie. Vers les premiers jours du printems, notre jeune sauvage eut un violent corysa, et quelques semaines après, deux affections catarrhales presque succédanées.

Néanmoins ces résultats ne s'étendirent pas à tous les organes. Ceux de la vue et de l'ouie n'y participèrent point; sans doute parce que ces deux sens, beaucoup moins simples que les autres, avaient besoin d'une éducation particulière et plus longue, ainsi qu'on le verra par la suite. L'amélioration simultanée des trois sens, par suite des stimulans portés sur la peau, tandis que ces deux derniers étaient restés stationnaires, est un fait précieux, digne d'être présenté à l'attention des physiologistes. Il semble prouver, ce qui paraît d'ailleurs assez vraisemblable, que les sens du toucher, de l'odorat et du goût ne sont qu'une modification de l'organe de la peau; tandis que ceux de l'ouie et de la vue, moins extérieurs, revêtus d'un appareil physique des plus compliqués, se trouvent assujettis à d'autres règles de perfectionnement, et doivent, en quelque sorte, faire une classe séparée.

§. III.

IIIᵉ VUE. *Étendre la sphère de ses idées en lui donnant des besoins nouveaux, et en multipliant ses rapports avec les êtres environnans.*

Si les progrès de cet enfant vers la civilisation, si mes succès pour les développemens de son intelligence ont été jusqu'à présent si lents et si difficiles, je dois m'en prendre sur-tout aux obstacles sans nombre que j'ai rencontrés, pour remplir cette troisième vue. Je lui ai présenté successivement des jouets de toute espèce; plus d'une fois, pendant des heures entières, je me suis efforcé de lui en faire connaître l'usage; et j'ai vu avec peine, que, loin de captiver son attention, ces divers objets finissaient toujours par lui donner de l'impatience, tellement qu'il en vint au point de les cacher, ou de les détruire, quand l'occasion s'en présentait. C'est ainsi qu'après avoir long-tems renfermé dans une chaise percée un jeu de quilles, qui lui avait attiré de notre part quelques importunités, il prit, un jour qu'il était seul dans sa chambre, le parti de les entasser dans le foyer, devant lequel on le trouva se chauffant avec gaîté à la flamme de ce feu de joie.

Cependant, je parvins quelquefois à l'attacher à certains amusemens qui avaient du rapport avec les besoins digestifs. En voici un, par exemple, que je lui procurais souvent à la fin du repas, quand je le menais dîner en ville. Je disposais devant lui, sans aucun ordre symétrique et dans une position renversée, plusieurs petits gobelets d'argent, sous l'un desquels je plaçais un marron. Bien sûr d'avoir attiré son attention, je les soulevais l'un après l'autre, excepté celui qui renfermait le marron. Après lui avoir ainsi démontré qu'ils ne contenaient rien, et les avoir replacés dans le même ordre, je l'invitais par signes à chercher à son tour. Le premier gobelet sur lequel tombaient ses perquisitions, était précisément celui sous lequel j'avais caché la petite récompense due à son attention. Jusques-là ce n'étoit qu'un faible effort de mémoire. Mais, insensiblement je rendais le jeu plus compliqué. Ainsi, après avoir, par le même procédé, caché un autre marron, je changeais l'ordre de tous les gobelets, d'une manière lente pourtant, afin que dans cette inversion générale il lui fut moins difficile de suivre des yeux, et par l'attention, celui qui recélait le précieux dépôt. Je faisais plus, je chargeais le dessous de deux ou trois de ces gobelets, et son attention, quoique partagée entre ces trois objets, ne les suivait pas moins dans leurs changemens respectifs, en dirigeant vers eux ses premières perquisitions. Ce n'est pas tout encore; car ce n'était pas là le seul but que je me proposais. Ce jugement n'était tout au plus qu'un calcul de gourmandise. Pour rendre son attention moins intéressée et moins animale en quelque sorte, je supprimais de cet amusement tout ce qui avait du rapport avec ses goûts, et l'on ne mettait plus sous les gobelets que des objets non comestibles. Le résultat en était à-peu-près aussi satisfaisant; et cet exercice ne présentait plus alors qu'un simple jeu de gobelets, non sans avantage pour provoquer de l'attention, du jugement, et de la fixité dans ses regards.

À l'exception de ces sortes d'amusemens, qui, comme celui-là, se liaient à ses besoins, il ne m'a pas été possible de lui inspirer du goût pour ceux de son âge. Je suis plus que certain que si je l'avais pu, j'en aurais retiré de grands succès; et c'est une idée, pour l'intelligence de laquelle il faut qu'on se souvienne de l'influence puissante qu'ont sur les premiers développemens de la pensée, les jeux de l'enfance, autant que les petites voluptés de l'organe du goût.

J'ai tout fait aussi pour réveiller ces dernières dispositions, au moyen des friandises les plus convoitées par les enfans, et dont j'espérais me servir, comme de nouveaux moyens de récompense, de punition, d'encouragement et d'instruction. Mais l'aversion qu'il témoigna pour toutes les substances sucrées et pour nos mets les plus délicats, fut insurmontable. Je crus devoir alors tenter l'usage de mets relevés, comme plus propres à exciter un sens nécessairement émoussé par des alimens grossiers. Je n'y réussis pas mieux; et je lui présentai en vain, dans les momens où il se trouvait pressé par la faim et la soif, des liqueurs fortes et des alimens épicés. Désespérant enfin de pouvoir lui inspirer de nouveaux goûts, je fis valoir le petit nombre de ceux auxquels il se trouvait borné, en les accompagnant de toutes les circonstances accessoires, qui pouvaient accroître le plaisir qu'il trouvait à s'y livrer. C'est dans cette intention que je l'ai souvent mené dîner en ville avec moi. Ces jours-là il y avait à table collection complette de tous ses mets les plus favoris. La première fois qu'il se trouva à pareille fête, ce furent des transports de joie qui allaient presque jusqu'à la frénésie. Sans doute il pensa qu'il ne souperait pas si bien qu'il venait de dîner; car il ne tint pas à lui qu'il n'emportat le soir, en quittant la maison, un plat de lentilles qu'il avait dérobé à la cuisine. Je m'applaudis de cette première sortie. Je venais de lui procurer un plaisir, je n'avais qu'à le répéter plusieurs fois pour lui donner un besoin; c'est ce que j'effectuai. Je fis plus, j'eus soin de faire précéder ces sorties de certains préparatifs qu'il pût remarquer: c'était d'entrer chez lui vers les quatre heures, mon chapeau sur la tête, sa chemise ployée à la main. Bientôt ces dispositions devinrent pour lui le signal du départ. À peine paraissais-je, que j'étais compris; on s'habillait à la hâte, et l'on me suivait avec de grands témoignages de contentement. Je ne donne point ce fait comme preuve d'une intelligence supérieure; et il n'est personne qui ne m'objecte que le chien le plus ordinaire en fait au moins autant. Mais en admettant cette égalité morale, on est obligé d'avouer un grand changement; et ceux qui ont vu le *sauvage de l'Aveyron*, lors de son arrivée à Paris, savent qu'il était fort inférieur, sous le rapport du discernement, au plus intelligent de nos animaux domestiques.

Il m'était impossible, quand je l'emmenais avec moi, de le conduire dans les rues. Il m'aurait fallu aller au trôt avec lui, ou user des violences les plus fatigantes pour le faire marcher au pas avec moi. Nous fûmes donc obligés de ne sortir qu'en voiture. Autre plaisir nouveau qui l'attachait de plus en plus à ses fréquentes sorties. En peu de tems ces jours-là ne furent plus seulement des jours de fête auxquels il se livrait avec la joie la plus vive; ce furent de vrais besoins, dont la privation, quand on mettait entr'eux un intervalle un peu plus long, le rendait triste, inquiet et capricieux.

Quel surcroît de plaisir encore, quand ces parties avaient lieu à la campagne! Je l'ai conduit, il n'y a pas long-tems, dans la vallée de Montmorenci, à la maison de campagne du citoyen Lachabeaussière. C'était un spectacle des plus curieux, et j'oserai dire des plus touchans, de voir la joie qui se peignait dans ses yeux, dans tous les mouvemens et l'habitude de son corps, à la vue des côteaux et des bois de cette riante vallée: il semblait que les portières de la voiture ne pussent suffire à l'avidité de ses regards. Il se penchait tantôt vers l'une, tantôt vers l'autre, et témoignait la plus vive inquiétude quand les chevaux allaient plus lentement ou venaient à s'arrêter. Il passa deux jours à cette maison de campagne; telle y fut l'influence des agens extérieurs de ces bois, de ces collines, dont il ne pouvait rassasier sa vue, qu'il parut plus que jamais impatient et sauvage, et qu'au milieu des prévenances les plus assidues et des soins les plus attachans, il ne paraissait occupé que du desir de prendre la fuite. Entièrement captivé par cette idée dominante, qui absorbait toutes les facultés de son esprit et le sentiment même de ses besoins, il trouvait à peine le tems de manger, et se levant de table à chaque minute il courait à la fenêtre, pour s'évader dans le parc, si elle était ouverte; ou, dans le cas contraire, pour contempler, du moins à travers les carreaux, tous ces objets vers lesquels l'entraînaient irrésistiblement des habitudes encore récentes, et peut-être même, le souvenir d'une vie indépendante, heureuse et regrettée. Aussi pris-je la résolution de ne plus le soumettre à de pareilles épreuves. Mais pour ne pas le sevrer entièrement de ses goûts champêtres, on continua de le mener promener dans quelques jardins du voisinage, dont les dispositions étroites et régulières n'ont rien de commun avec ces grands paysages dont se compose une nature agreste, et qui attachent si fortement l'homme sauvage aux lieux de son enfance. Ainsi, mad^e. Guérin le conduit quelquefois au Luxembourg, et presque journellement au jardin de l'Observatoire, où les bontés du citoyen *Lemeri* l'ont habitué à aller tous les jours goûter avec du lait.

Au moyen de ces nouvelles habitudes, de quelques récréations de son choix, et de tous les bons traitemens enfin dont on a environné sa nouvelle existence, il a fini par y prendre goût. De-là est né cet attachement assez vif qu'il a pris pour sa gouvernante, et qu'il lui témoigne quelquefois de la manière la plus touchante. Ce n'est jamais sans peine qu'il s'en sépare, ni sans des preuves de contentement qu'il la rejoint. Une fois, qu'il lui avait échappé dans les rues, il versa, en la revoyant, une grande abondance de larmes. Quelques heures après il avait encore la respiration haute, entrecoupée, et le pouls dans une sorte d'état fébrile. Mad^e. Guérin lui ayant alors adressé quelques reproches, il en traduisit si bien le ton, qu'il se remit à pleurer. L'amitié qu'il a pour moi est beaucoup plus faible, et cela doit être ainsi. Les soins que prend de lui mad^e. Guérin sont tous de nature à être appréciés sur-le-champ; et ceux que je lui donne ne sont pour lui d'aucune utilité sensible. Cette différence est si véritablement due à la cause que j'indique, que j'ai mes heures pour être bien reçu: ce sont celles que jamais je n'ai employées à son instruction. Que je me rende chez lui, par exemple, à l'entrée de la nuit, lorsqu'il vient de se coucher, son premier mouvement est de se mettre sur son séant pour que je l'embrasse, puis de m'attirer à lui en me saisissant le bras et me faisant asseoir sur son lit. Ordinairement alors il me prend la main, la porte sur ses yeux, sur son front, sur l'occiput, et me la tient avec la sienne assez long-tems appliquée sur ces parties. D'autres fois il se lève en riant aux éclats, et se place vis-à-vis de moi pour me caresser les genoux à sa manière, qui consiste à me les palper, à me les masser fortement dans tous les sens et pendant plusieurs minutes, et puis dans quelques cas d'y appliquer ses lèvres à deux ou trois reprises. On en dira ce qu'on voudra, mais j'avouerai que je me prête sans façon à tous ces enfantillages. Peut-être serai-je entendu, si l'on se souvient de l'influence majeure qu'ont sur l'esprit de l'enfant ces complaisances inépuisables, ces petits riens officieux que la Nature a mis dans le cœur d'une mère, qui font éclore les premiers sourires, et naître les premières joies de la vie.

§. IV.

IVe. VUE. *Le conduire à l'usage de la parole, en déterminant l'exercice de l'imitation par la loi impérieuse de la nécessité.*

Si j'avais voulu ne produire que des résultats heureux, j'aurais supprimé de cet ouvrage cette quatrième vue, les moyens que j'ai mis en usage pour la remplir, et le peu de succès que j'en ai obtenu. Mais mon but est bien moins de donner l'histoire de mes soins que celle des premiers développemens moraux du *sauvage de l'Aveyron*; et je ne dois rien omettre de ce qui peut y avoir le moindre rapport. Je serai même obligé de présenter ici quelques idées théoriques, et j'espère qu'on me les pardonnera en voyant l'attention que j'ai eue de ne les appuyer que sur des faits, et reconnaissant la nécessité où je me trouve de répondre à ces éternelles objections: *le sauvage parle-t-il? S'il n'est pas sourd, pourquoi ne parle-t-il pas?*

On conçoit aisément qu'au milieu des forêts et loin de la société de tout être pensant, le sens de l'ouïe de notre sauvage n'éprouvait d'autres impressions que celles que faisaient sur lui un petit nombre de bruits, et particulièrement ceux qui se liaient à ses besoins physiques. Ce n'était point là cet organe qui apprécie les sons, leur articulation et leurs combinaisons; ce n'était qu'un simple moyen de conversation individuelle, qui avertissait de l'approche d'un animal dangereux, ou de la chûte de quelque fruit sauvage. Voilà sans doute à quelles fonctions se bornait l'ouïe, si l'on en juge par le peu ou la nullité d'action qu'avaient sur cet organe, il y a un an, tous les sons et les bruits qui n'intéressaient pas les besoins de l'individu, et par la sensibilité exquise que ce sens témoignait pour ceux au contraire qui y avaient quelque rapport. Quand on épluchait, à son insu et le plus doucement possible, un marron, une noix; quand on touchait seulement à la clef de la porte qui le tenait captif, il ne manquait jamais de se retourner brusquement et d'accourir vers l'endroit d'où partait le bruit. Si l'organe de l'ouïe ne témoignait pas la même susceptibilité pour les sons de la voix, pour l'explosion même des armes à feu, c'est qu'il était nécessairement peu sensible et peu attentif à toute autre impression qu'à celle dont il s'était fait une longue et exclusive habitude[10].

[10] J'observerai, pour donner plus de force à cette assertion, qu'à mesure que l'homme s'éloigne de son enfance, l'exercice de ses sens devient de jour en jour moins universel. Dans le premier âge de sa vie, il veut tout voir, tout

toucher; il porte à la bouche tous les corps qu'on lui présente; le moindre bruit le fait tressaillir; ses sens s'arrêtent sur tous les objets, même sur ceux qui n'ont aucun rapport connu avec ses besoins. À mesure qu'il s'éloigne de cette époque, qui est en quelque sorte celle de l'apprentissage des sens, les objets ne le frappent qu'autant qu'ils se rapportent à ses appétits, à ses habitudes, ou à ses inclinations. Alors même il arrive souvent qu'il n'y a qu'un ou deux de ses sens qui réveillent son attention. C'est un musicien prononcé, qui, attentif à tout ce qu'il entend, est indifférent à tout ce qu'il voit. Ce sera, si l'on veut, un minéralogiste et un botaniste exclusifs, qui, dans un champ fertile en objets de leurs recherches, ne *voient*, le premier que des minéraux, et le second que des productions végétales. Ce sera un mathématicien sans oreilles, qui dira au sortir d'une pièce de Racine: *qu'est-ce que tout cela prouve?*— Si donc, après les premiers tems de l'enfance, l'attention ne se porte naturellement que sur les objets qui ont avec nos goûts des rapports connus ou pressentis, on conçoit pourquoi notre jeune sauvage, n'ayant qu'un petit nombre de besoins, ne devait exercer ses sens que sur un petit nombre d'objets. Voilà, si je ne me trompe, la cause de cette inattention absolue qui frappait tout le monde lors de son arrivée à Paris, et qui dans le moment actuel a disparu presque complettement, parce qu'on lui a fait sentir la liaison qu'ont avec lui tous les nouveaux objets qui l'environnent.

On conçoit donc pourquoi l'oreille, très-apte à percevoir certains bruits, même les plus légers, le doit être très-peu à apprécier l'articulation des sons. D'ailleurs il ne suffit pas, pour parler, de percevoir le son de la voix; il faut encore apprécier l'articulation de ce son; deux opérations bien distinctes, et qui exigent, de la part de l'organe, des conditions différentes. Il suffit, pour la première, d'un certain degré de sensibilité du nerf acoustique; il faut, pour la seconde, une modification spéciale de cette même sensibilité. On peut donc, avec des oreilles bien organisées et bien vivantes, ne pas saisir l'articulation des mots. On trouve parmi les Crétins beaucoup de muets et qui pourtant ne sont pas sourds. Il y a parmi les élèves du citoyen Sicard, deux ou trois enfans qui entendent parfaitement le son de l'horloge, un claquement de mains, les tons les plus bas de la flûte et du violon, et qui cependant n'ont jamais pu imiter la prononciation d'un mot, quoiqu'articulé très-haut et très-lentement. Ainsi l'on pourrait dire que la parole est une espèce de musique, à laquelle certaines oreilles, quoique bien constituées d'ailleurs, peuvent être insensibles. En sera-t-il de même de l'enfant dont il est question? Je ne le pense pas, quoique mes espérances reposent sur un petit nombre de faits. Il est vrai que mes tentatives à cet égard n'ont pas été plus nombreuses, et que long-tems embarrassé sur le parti que j'avais à prendre, je m'en suis tenu au rôle d'observateur. Voici donc ce que j'ai remarqué.

Dans les quatre ou cinq premiers mois de son séjour à Paris, le *sauvage de l'Aveyron* ne s'est montré sensible qu'aux différens bruits qui avaient avec lui les rapports que j'ai indiqués. Dans le courant de frimaire il a paru entendre la voix humaine; et lorsque, dans le corridor qui avoisine sa chambre, deux personnes s'entretenaient à haute voix, il lui arrivait souvent de s'approcher de la porte pour s'assurer si elle était bien fermée, et de rejeter sur elle une porte battante intérieure, avec l'attention de mettre le doigt sur le loquet pour en assurer encore mieux la fermeture. Je remarquai, quelque tems après, qu'il distinguait la voix des sourds-muets, ou plutôt ce cri guttural qui leur échappe continuellement dans leurs jeux. Il semblait même reconnaître l'endroit d'où partait le son. Car, s'il l'entendait en descendant l'escalier, il ne manquait jamais de remonter ou de descendre plus précipitamment, selon que ce cri partait d'en-bas ou d'en-haut.—Je fis, au commencement de nivose, une observation plus intéressante. Un jour qu'il était dans la cuisine occupé à faire cuire des pommes de terre, deux personnes se disputaient vivement derrière lui, sans qu'il parût y faire la moindre attention. Une troisième survint, qui, se mêlant à la discussion, commençait toutes ses repliques par ces mots: *oh! c'est différent*. Je remarquai que toutes les fois que cette personne laissait échapper son exclamation favorite: *oh!*, le *sauvage de l'Aveyron* retournait vivement la tête. Je fis, le soir, à l'heure de son coucher, quelques expériences sur cette intonation, et j'en obtins à-peu-près les mêmes résultats. Je passai en revue toutes les autres intonations simples, connues sous le nom de voyelles, et sans aucun succès. Cette préférence pour l'*o* m'engagea à lui donner un nom qui se terminât par cette voyelle. Je fis choix de celui de *Victor*. Ce nom lui est resté, et quand on le prononce à haute voix, il manque rarement de tourner la tête ou d'accourir. C'est peut-être encore par la même raison, que par la suite il a compris la signification de la négation *non*, dont je me sers souvent pour le faire revenir de ses erreurs, quand il se trompe dans nos petits exercices.

Au milieu de ces développemens lents, mais sensibles, de l'organe de l'ouie, la voix restait toujours muette, et refusait de rendre les sons articulés que l'oreille paraissait apprécier; cependant les organes vocaux ne présentaient dans leur conformation extérieure aucune trace d'imperfection, et il n'y avait pas lieu d'en soupçonner dans leur organisation intérieure. Il est vrai que l'on voit à la partie supérieure et antérieure du col une cicatrice assez étendue, qui pourrait jeter quelque doute sur l'intégrité des parties subjacentes, si l'on n'était rassuré par l'aspect de la cicatrice. Elle annonce à la vérité une plaie faite par un instrument tranchant; mais à voir son apparence linéaire, on est porté à croire que la plaie n'était que tégumenteuse, et qu'elle se sera réunie d'emblée, ou comme l'on dit, par première indication. Il est à présumer qu'une main, plus disposée que façonnée au crime, aura voulu attenter aux jours de cet enfant, et que, laissé pour mort dans les bois, il aura dû aux seuls secours de la nature la prompte guérison de sa plaie; ce qui n'aurait pu s'effectuer aussi heureusement, si les parties musculeuses et cartilagineuses de l'organe de la voix avaient été divisées.

Ces considérations me conduisirent à penser, lorsque l'oreille commença à percevoir quelques sons, que si la voix ne les répétait pas, il ne fallait point en accuser une lésion organique, mais la défaveur des circonstances. Le défaut total d'exercice rend nos organes inaptes à leurs fonctions; et si ceux déjà faits à leurs usages sont si puissamment affectés par cette inaction, que sera-ce de ceux qui croissent et se développent sans qu'aucun agent tende à les mettre en jeu? Il faut dix-huit mois au moins d'une éducation soignée, pour que l'enfant bégaye quelques mots; et l'on voudrait qu'un dur habitant des forêts, qui n'est dans la société que depuis quatorze ou quinze mois, dont il a passé cinq ou six parmi des sourds-muets, fût déjà en état de parler! Non-seulement cela ne doit pas être; mais il faudra, pour parvenir à ce point important de son éducation, beaucoup plus de tems, beaucoup plus de peines qu'il n'en faut au moins précoce des enfans. Celui-ci ne sait rien; mais il possède à un degré éminent la susceptibilité de tout apprendre: penchant inné à l'imitation; flexibilité et sensibilité excessives de tous les organes; mobilité perpétuelle de la langue; consistance presque gélatineuse du larynx: tout en un mot, tout concourt à produire chez lui ce gazouillement continuel, apprentissage involontaire de la voix, que favorisent encore la toux, l'éternuement, les cris de cet âge, et même les pleurs, les pleurs qu'il faut considérer non-seulement comme les indices d'une vive excitabilité, mais encore comme un mobile puissant, appliqué sans relâche et dans les tems les plus opportuns aux développemens simultanés des organes de la respiration, de la voix et de la parole. Que l'on m'accorde ces grands avantages, et je réponds de leur résultat. Si l'on reconnaît, avec moi, que l'on ne doit plus y compter dans l'adolescence du jeune *Victor*, que l'on convienne aussi des ressources fécondes de la Nature, qui sait se créer de nouveaux moyens d'éducation quand des causes accidentelles viennent à la priver de ceux qu'elle avait primitivement disposés. Voici du moins quelques faits qui peuvent le faire espérer.

J'ai dit dans l'énoncé de cette 4e. vue, que je me proposais de le conduire à l'usage de la parole, *en déterminant l'exercice de l'imitation par la loi impérieuse de la nécessité.* Convaincu, en effet, par les considérations émises dans ces deux derniers paragraphes, et par une autre non moins concluante que j'exposerai bientôt, qu'il ne fallait s'attendre qu'à un travail tardif de la part du larynx, je devais faire en sorte de l'activer par l'appât des objets nécessaires à ses besoins. J'avais lieu de croire que la voyelle *o* ayant été la première entendue, serait la première prononcée; et je trouvai fort heureux pour mon plan que cette simple prononciation fût, au moins quant au son, le signe d'un des besoins les plus ordinaires de cet enfant. Cependant, je ne pus tirer aucun parti de cette favorable coïncidence. En vain, dans les momens où sa soif était ardente, je tenais devant lui un vase rempli d'eau, en criant fréquemment *eau, eau*; en donnant le vase à une personne qui prononçait le même mot à côté de lui, et le réclamant moi-même par ce moyen, le malheureux se tourmentait dans tous les sens, agitait ses bras autour du vase d'une manière presque convulsive, rendait une espèce de sifflement et n'articulait aucun son. Il y aurait eu de l'inhumanité d'insister davantage. Je changeai de sujet, sans cependant changer de méthode. Ce fut sur le mot *lait* que portèrent mes tentatives. Le quatrième jour de ce second essai je réussis au gré de mes desirs, et j'entendis *Victor* prononcer distinctement, d'une manière un peu rude à la vérité, le mot *lait*, qu'il répéta presque aussitôt. C'était la première fois qu'il sortait de sa bouche un son articulé, et je ne l'entendis pas sans la plus vive satisfaction. Je fis néanmoins une réflexion qui diminua de beaucoup, à mes yeux, l'avantage de ce premier succès. Ce ne fut qu'au moment où, désespérant de réussir, je venais de verser le lait dans la tasse qu'il me présentait, que le mot *lait* lui échappa avec de grandes démonstrations de plaisir; et ce ne fut encore qu'après que je lui en eus versé de nouveau en manière de récompense, qu'il le prononça pour la seconde fois. On voit pourquoi ce mode de résultat était loin de remplir mes intentions; le mot prononcé, au lieu d'être le signe du besoin, n'était, relativement au tems où il avait été articulé, qu'une vaine exclamation de joie. Si ce mot fût sorti de sa bouche avant la concession de la chose desirée, c'en était fait; le véritable usage de la parole était saisi par *Victor*; un point de communication s'établissait entre lui et moi, et les progrès les plus rapides découlaient de ce premier succès. Au lieu de tout cela, je ne venais d'obtenir qu'une expression, insignifiante pour lui et inutile pour nous, du plaisir qu'il ressentait. À la rigueur, c'était bien un signe vocal, le signe de la possession de la chose. Mais celui-là, je le répète, n'établissait aucun rapport entre nous; il devait être bientôt négligé, par cela même qu'il était inutile aux besoins de l'individu, et soumis à une foule d'anomalies comme le sentiment éphémère et variable dont il était devenu l'indice. Les résultats subséquens de cette fausse direction ont été tels que je les redoutais. Ce n'était le plus souvent que dans la jouissance de la chose que le mot *lait* se faisait entendre. Quelquefois il lui arrivait de le prononcer avant, et d'autres fois peu de tems après, mais toujours sans intention. Je n'attache pas plus d'importance à la répétition spontanée qu'il en faisait, et qu'il en fait encore, dans le courant de la nuit quand il vient à s'éveiller.

Après ce premier résultat, j'ai totalement renoncé à la méthode par laquelle je l'avais obtenu; attendant le moment où les localités me permettront de lui en substituer une autre que je crois beaucoup plus efficace, j'abandonnai l'organe de la voix à l'influence de l'imitation qui, bien que faible, n'est pourtant pas éteinte, s'il faut en juger par quelques petits progrès ultérieurs et spontanés.

Le mot *lait* a été pour *Victor* la racine de deux autres monosyllabes *la* et *li*, auxquels certainement il attache encore moins de sens. Il a depuis peu modifié le dernier en y ajoutant une seconde *l*, et les prononçant toutes les deux comme le *gli* de la langue italienne. On l'entend fréquemment répéter *lli*, *lli*, avec une inflexion de voix qui n'est pas sans douceur. Il est étonnant que *l* mouillée, qui est pour les enfans une des syllabes des plus difficiles à prononcer, soit une des premières qu'il ait articulées. Je ne serais pas éloigné de croire qu'il y a dans ce pénible travail de la langue une sorte d'intention en faveur du nom de *Julie*; jeune demoiselle de onze à douze ans, qui vient passer les dimanches chez mad^e. Guérin, sa mère. Il est certain que ce jour-là les exclamations *lli*, *lli*, deviennent plus fréquentes, et se font même, au rapport de sa gouvernante, entendre pendant la nuit, dans les momens où l'on a lieu de croire qu'il dort profondément. On ne peut déterminer au juste la cause et la valeur de ce dernier fait. Il faut attendre que la puberté plus avancée nous ait fourni, pour le classer et pour en rendre compte, un plus grand nombre d'observations. La dernière acquisition de l'organe de la voix est un peu plus considérable, et composée de deux syllabes qui en valent bien trois, par la manière dont il prononce la dernière. C'est l'exclamation *oh Dieu!* qu'il a apprise de mad^me. Guérin, et qu'il laisse fréquemment échapper dans ses grandes joies. Il la prononce en supprimant l'*u* de Dieu, et en appuyant sur l'*i* comme s'il était double; de manière qu'on l'entend crier distinctement: *oh Diie! oh Diie!* L'*o* que l'on trouve dans cette dernière combinaison de son n'était pas nouveau pour lui, et j'étais parvenu quelque tems auparavant à le lui faire prononcer.

Voilà, quant à l'organe de la voix, le point où nous en sommes. On voit que toutes les voyelles, à l'exception de l'*u*, entrent déjà dans le petit nombre de sons qu'il articule, et que l'on trouve que les trois consonnes *l*, *d* et *l* mouillée. Ces progrès sont assurément bien faibles, si on les compare à ceux qu'exige le développement complet de la voix humaine; mais ils m'ont paru suffisans pour garantir la possibilité de ce développement. J'ai dit plus haut les causes qui doivent nécessairement le rendre long et difficile. Il en est encore une qui n'y contribuera pas moins, et que je ne dois point passer sous silence. C'est la facilité qu'a notre jeune sauvage d'exprimer autrement que par la parole le petit nombre de ses besoins[11]. Chacune de ses volontés se manifeste par les signes les plus expressifs, qui ont en quelque sorte, comme les nôtres, leurs gradations et leur synonimie. L'heure de la promenade est-elle arrivée, il se présente à diverses reprises devant la croisée et devant la porte de sa chambre. S'il s'aperçoit alors que sa gouvernante n'est point prête, il dispose devant elle tous les objets nécessaires à sa toilette, et dans son impatience il va même jusqu'à l'aider à s'habiller. Cela fait, il descend le premier, et tire lui-même le cordon de la porte. Arrivé à l'Observatoire, son premier soin est de demander du lait; ce qu'il fait en présentant une écuelle de bois, qu'il n'oublie jamais, en sortant, de mettre dans sa poche, et dont il se munit pour la première fois, le lendemain d'un jour qu'il avait cassé, dans la même maison et pour le même usage, une tasse de porcelaine.

[11] Mes observations confirment encore sur ce point important l'opinion de Condillac, qui dit, en parlant de l'origine du langage des sons: «Le langage d'action, alors si naturel, était un grand obstacle à surmonter; pouvait-on l'abandonner pour un autre dont on ne prévoyait pas les avantages, et dont la difficulté se faisait si bien sentir?»

Là encore, pour rendre complets les plaisirs de ses soirées, on a, depuis quelque-tems, la bonté de le voiturer dans une brouette. Depuis lors, dès que l'envie lui en prend, si personne ne se présente pour la satisfaire, il rentre dans la maison, prend quelqu'un par le bras, le conduit dans le jardin, et lui met entre les mains les branches de la brouette, dans laquelle il se place aussitôt: si on résiste à cette première invitation, il quitte le siége, revient aux branches de la brouette, la fait rouler quelques tours et vient s'y placer de nouveau; imaginant sans doute que si ses desirs ne sont pas remplis, ce n'est pas faute de les avoir clairement manifestés.

S'agit-il de diner? ses intentions sont encore moins douteuses. Il met lui-même le couvert et présente à mad^{me}. Guérin les plats, qu'elle doit descendre à la cuisine pour y prendre leurs alimens. Si c'est en ville qu'il dîne avec moi, toutes ses demandes s'adressent à la personne qui fait les honneurs de la table; c'est toujours à elle qu'il se présente pour être servi. Si l'on fait semblant de ne pas l'entendre, il place son assiette à côté du mets, qu'il dévore des yeux. Si cela ne produit rien, il prend une fourchette et en frappe deux ou trois coups sur le rebord du plat. Insiste-t-on encore? alors il ne garde plus de mesure; il plonge une cuiller, ou même sa main dans le plat, et en un clin-d'œil il le vide en entier sur son assiète. Il n'est guères moins expressif dans la manière de témoigner les affections de son ame, et sur-tout l'impatience et l'ennui. Nombre de curieux savent comment, avec plus de franchise naturelle que de politesse, il les congédie, lorsque, fatigué de la longueur de leurs visites, il présente à chacun d'eux, et sans méprise, leur canne, leurs gants et leur chapeau, les pousse doucement vers la porte, qu'il referme de suite impétueusement sur eux[12].

[12] Il est digne de remarque que ce langage d'action lui est entièrement naturel, et que dès les premiers jours de son entrée dans la société, il l'employait de la manière la plus expressive. «Quand il eut soif, dit le citoyen Constans-St.-Estève, qui l'a vu dans les commencemens de cette époque intéressante, «il porta ses regards à droite et à gauche; ayant apperçu une cruche, il mit ma main dans la sienne et me conduisit vers la cruche, qu'il frappa de la main gauche, pour me demander à boire. On apporta du vin,

qu'il dédaigna en témoignant de l'impatience sur le retard que je mettais à lui donner de l'eau».

Pour compléter l'histoire de ce langage à pantomimes, il faut que je dise encore que *Victor* l'entend avec autant de facilité qu'il le parle. Il suffit à mad^me. Guérin, pour l'envoyer quérir de l'eau, de lui montrer la cruche et de lui faire voir qu'elle est vide, en donnant au vase une position renversée. Un procédé analogue me suffit pour l'engager à me servir à boire quand nous dînons ensemble, etc. Mais ce qu'il y a de plus étonnant dans la manière avec laquelle il se prête à ces moyens de communication, c'est qu'il n'est besoin d'aucune leçon préliminaire, ni d'aucune convention réciproque pour se faire entendre. Je m'en convainquis un jour par une expérience des plus concluantes. Je choisis, entre une foule d'autres, un objet pour lequel je m'assurai d'avance qu'il n'existait entre lui et sa gouvernante aucun signe indicateur. Tel était, par exemple, le peigne dont on se servait pour lui, et que je voulus me faire apporter. J'aurais été bien trompé si en me hérissant les cheveux dans tous les sens, et lui présentant ainsi ma tête en désordre, je n'avais été compris. Je le fus en effet, et j'eus aussitôt entre les mains ce que je demandais.

Beaucoup de personnes ne voient dans tous ses procédés que la façon de faire d'un animal; pour moi, je l'avouerai, je crois y reconnaître dans toute sa simplicité le langage d'action, ce langage primitif de l'espèce humaine, originellement employé dans l'enfance des premières sociétés, avant que le travail de plusieurs siècles eût coordonné le système de la parole et fourni à l'homme civilisé un fécond et sublime moyen de perfectionnement, qui fait éclore sa pensée même dans son berceau, et dont il se sert toute la vie sans apprécier ce qu'il est par lui et ce qu'il serait sans lui, s'il s'en trouvait accidentellement privé, comme dans le cas qui nous occupe. Sans doute un jour viendra où des besoins plus multipliés feront sentir au jeune *Victor* la nécessité d'user de nouveaux signes. L'emploi défectueux qu'il a fait de ses premiers sons pourra bien retarder cette époque, mais non pas l'empêcher. Il n'en sera peut-être ni plus ni moins que ce qui arrive à l'enfant qui d'abord balbutie le mot *papa*, sans y attacher aucune idée, s'en va le disant dans tous les lieux et en toute autre occasion, le donne ensuite à tous les hommes qu'il voit, et ne parvient qu'après une foule de raisonnemens et même d'abstractions, à en faire une seule et juste application.

§. V.

V^e. VUE.—*Exercer pendant quelque tems, sur les objets de ses besoins physiques, les plus simples opérations de l'esprit, et en déterminer ensuite l'application sur des objets d'instruction.*

Considéré dans sa plus tendre enfance et sous le rapport de son entendement, l'homme ne paraît pas s'élever encore au-dessus des autres animaux. Toutes ses facultés intellectuelles sont rigoureusement circonscrites dans le cercle étroit de ses besoins physiques. C'est pour eux seuls que s'exercent les opérations de son esprit. Il faut alors que l'éducation s'en empare et les applique à son instruction, c'est-à-dire, à un nouvel ordre de choses qui n'ont aucun rapport avec ses premiers besoins. De cette application découlent toutes ses connaissances, tous les progrès de son esprit, et les conceptions du génie le plus sublime. Quel que soit le degré de probabilité de cette idée, je ne la reproduis ici que comme le point de départ de la marche que j'ai suivie pour remplir cette dernière vue.

Je n'entrerai pas dans les détails des moyens mis en usage pour exercer les facultés intellectuelles du *sauvage de l'Aveyron* sur les objets de ses appétits. Ces moyens n'étaient autre chose que des obstacles toujours croissans, toujours nouveaux, mis entre lui et ses besoins, et qu'il ne pouvait surmonter sans exercer continuellement son attention, sa mémoire, son jugement et toutes les fonctions de ses sens[13]. Ainsi se développèrent toutes les facultés qui devaient servir à son instruction, et il ne fallait plus que trouver les moyens les plus faciles de les faire valoir.

[13] Il n'est pas inutile de faire remarquer que je n'ai éprouvé aucune difficulté pour remplir ce premier but. Toutes les fois qu'il s'agit de ses besoins, son attention, sa mémoire et son intelligence semblent l'élever au-dessus de lui-même; c'est une remarque qu'on a pu faire de tous les tems, et qui, si on l'eût sérieusement approfondie, eût conduit à prévoir un avenir heureux. Je ne crains pas de dire que je regarde comme une grande preuve d'intelligence, d'avoir pu apprendre, au bout de six semaines de séjour dans la société, à préparer ses alimens avec tous les soins et les détails que nous a transmis le citoyen Bonnaterre. «Son occupation pendant son séjour à Rhodès, dit ce naturaliste, consistait à écosser des haricots, et il remplissait cette tâche avec le degré de discernement dont serait susceptible l'homme le plus exercé. Comme il savait par expérience que ces sortes de légumes étaient destinés pour sa subsistance, aussitôt qu'on lui apportait une botte de tiges desséchées, il allait chercher une marmite et établissait la scène de cette opération au milieu de l'appartement. Là, il distribuait ses matériaux le plus commodément possible. Le pot était placé à droite et les haricots à gauche; il ouvrait successivement les gousses l'une après l'autre, avec une souplesse de doigts inimitable; il mettait dans le pot les bonnes graines, et rejetait celles qui étaient moisies ou tachées; si par hasard quelque graine lui échappait, il la suivait de l'œil, la ramassait et la mettait avec les autres. À mesure qu'il vidait les gousses, il les empilait à côté de lui avec symétrie, et lorsque son travail était fini, il enlevait le pot, y versait de l'eau et le portait auprès du feu, dont il entretenait l'activité avec les gousses qu'il avait entassées séparément. Si le

feu était éteint, il prenait la pelle, qu'il déposait entre les mains de son surveillant, lui faisait signe d'en aller chercher dans le voisinage, etc.»

Je devais peu compter encore sur les ressources du sens de l'ouïe, et sous ce rapport, le *sauvage de l'Aveyron* n'était qu'un sourd-muet. Cette considération m'engagea à tenter la méthode d'enseignement du citoyen Sicard. Je commençai donc par les premiers procédés usités dans cette célèbre école, et dessinai sur une planche noire la figure linéaire de quelques objets dont un simple dessin pouvait le mieux représenter la forme; tels qu'une clef, des ciseaux et un marteau. J'appliquai à diverses reprises, et dans les momens où je voyais que j'étais observé, chacun de ces objets sur sa figure respective; et quand je fus assuré par-là de lui en avoir fait sentir les rapports, je voulus me les faire apporter successivement, en désignant du doigt la figure de celui que je demandais. Je n'en obtins rien, j'y revins plusieurs fois et toujours avec aussi peu de succès: ou il refusait avec entêtement d'apporter celle des trois choses que j'indiquais, ou bien il apportait avec celle-là les deux autres, et me les présentait toutes à la fois. Je me persuadai que cela tenait à un calcul de paresse, qui ne lui permettait pas de faire en détail ce qu'il trouvait tout simple d'exécuter en une seule fois. Je m'avisai alors d'un moyen qui le força à détailler son attention sur chacun de ces objets. J'avais observé, même depuis quelques mois, qu'il avait un goût des plus prononcés pour l'arrangement; c'était au point qu'il se levait quelquefois de son lit pour remettre dans sa place accoutumée un meuble ou un ustensile quelconque qui se trouvait accidentellement dérangé. Il poussait ce goût plus loin encore pour les choses suspendues à la muraille: chacune avait son clou et son crochet particulier; et quand il s'était fait quelque transposition entre ces objets, il n'était pas tranquille qu'il ne l'eût réparée lui-même. Il n'y avait donc qu'à soumettre aux mêmes arrangemens les choses sur lesquelles je voulais exercer son attention. Je suspendis, au moyen d'un clou, chacun des objets au bas de leur dessin et les y laissai quelque tems. Quand ensuite je vins à les enlever et à les donner à *Victor*, ils furent aussitôt replacés dans leur ordre convenable. Je recommençai plusieurs fois et toujours avec les mêmes résultats. J'étais loin cependant de les attribuer à son discernement; et cette classification pouvait bien n'être qu'un acte de mémoire. Je changeai, pour m'assurer, la position respective des dessins, et je le vis alors, sans aucun égard pour cette transposition, suivre, pour l'arrangement des objets, le même ordre qu'auparavant. À la vérité, rien n'était si facile que de lui apprendre la nouvelle classification nécessitée par ce nouveau changement; mais rien de plus difficile que de la lui faire raisonner. Sa mémoire seule faisait les frais de chaque arrangement. Je m'attachai alors à neutraliser en quelque sorte les secours qu'il en retirait. J'y parvins en la fatiguant sans relâche par l'augmentation du nombre de dessins, et par la fréquence de leurs inversions. Alors cette mémoire devint un guide insuffisant pour l'arrangement méthodique de tous ces corps nombreux; alors l'esprit dut avoir recours à la comparaison du dessin avec la chose. Quel pas difficile je venais de franchir! Je n'en doutai point, quand je vis notre jeune *Victor* attacher ses regards, et successivement, sur chacun des objets, en choisir un, et chercher ensuite la figure à laquelle il voulait le rapporter; et j'en eus bientôt la preuve matérielle, par l'expérience de l'inversion des figures, qui fut suivie, de sa part, de l'inversion méthodique des objets.

Ce résultat m'inspira les plus brillantes espérances; je croyais n'avoir plus de difficultés à vaincre, quand il s'en présenta une des plus insurmontables, qui m'arrêta opiniâtrément et me força de renoncer à ma méthode. On sait que dans l'instruction du sourd-muet, on fait ordinairement succéder à ce premier procédé comparatif un second beaucoup plus difficile. Après avoir fait sentir, par des comparaisons répétées, le rapport de la chose avec son dessin, on place autour de celui-ci toutes les lettres qui forment le mot de l'objet représenté par la figure. Cela fait, on efface celle-ci, il ne reste plus que les signes alphabétiques. Le sourd-muet ne voit, dans ce second procédé, qu'un changement de dessin, qui continue d'être pour lui le signe de l'objet. Il n'en fut pas de même de *Victor*, qui, malgré les répétitions les plus fréquentes, malgré l'exposition prolongée de la chose au-dessous de son mot, ne put jamais s'y reconnaître. Je n'eus pas de peine à me rendre compte de cette difficulté, et il me fut aisé de comprendre pourquoi elle était insurmontable. De la figure d'un objet à sa représentation alphabétique, la distance est immense, et d'autant plus grande pour l'élève, qu'elle se présente là aux premiers pas de l'instruction. Si les sourds-muets n'y sont pas arrêtés, c'est qu'ils sont, de tous les enfans, les plus attentifs et les plus observateurs. Accoutumés, dès leur plus tendre enfance, à entendre et à parler par les yeux, ils sont, plus que personne, exercés à apprécier tous les rapports des objets visibles.

Il fallait donc chercher une méthode plus analogue aux facultés encore engourdies de notre sauvage, une méthode dans laquelle chaque difficulté vaincue l'élevât au niveau de la difficulté à vaincre. Ce fut dans cet esprit que je traçai mon nouveau plan. Je ne m'arrêterai pas à en faire l'analyse; on en jugera par l'exécution.

Je collai sur une planche de deux pieds quarrés trois morceaux de papier, de forme bien distincte et de couleur bien tranchée. C'était un plan circulaire et rouge, un autre triangulaire et bleu, le troisième de figure quarrée et de couleur noire. Trois morceaux de carton, également colorés et figurés, furent, au moyen d'un trou dont ils étaient percés dans leur milieu, et des clous disposés à cet effet sur la planche, furent, dis-je, appliqués et laissés pendant quelques jours sur leurs modèles respectifs. Les ayant ensuite enlevés et présentés à *Victor*, ils furent replacés sans difficulté. Je m'assurai, en renversant le tableau et changeant par-là l'ordre des figures, que ces premiers résultats n'étaient point routiniers, mais dûs à la comparaison. Au bout de quelques jours, je substituai un autre tableau à ce premier. J'y avais représenté les mêmes figures, mais toutes d'une couleur uniforme. Dans le premier, l'élève avait, pour se reconnaître, le double indice des formes et des couleurs; dans le second il n'avait plus qu'un guide, la comparaison des formes. Presque en même tems je lui en présentai un troisième, où toutes les figures étaient égales, mais de couleurs différentes. Toujours mêmes épreuves, et toujours mêmes résultats; car je compte pour rien quelques fautes d'attention. La facilité avec laquelle s'exécutaient ces petites comparaisons, m'engagea à lui en présenter de nouvelles. Je fis des additions et des modifications aux deux derniers tableaux. J'ajoutai à celui des figures d'autres formes beaucoup moins distinctes, et à celui des couleurs, de nouvelles couleurs qui ne différaient entr'elles que par des nuances. Il y avait, par exemple, dans le premier, un parallélogramme un peu allongé à côté d'un quarré, et dans le second, un échantillon bleu-céleste à côté d'un bleu-grisâtre. Il se présenta ici quelques erreurs et quelques incertitudes, mais qui disparurent au bout de quelques jours d'exercice.

Ces résultats m'enhardirent à de nouveaux changemens, toujours plus difficiles. Chaque jour j'ajoutais, je retranchais, je modifiais et provoquais de nouvelles comparaisons et de nouveaux jugemens. À la longue, la multiplicité et les complications de ces petits exercices finirent par fatiguer son attention et sa docilité. Alors reparurent, dans toute leur intensité, ces mouvemens d'impatience et de fureur qui éclataient si violemment au commencement de son séjour à Paris, lorsque, sur-tout, il se trouvait enfermé dans sa chambre. N'importe, il me sembla que le moment était venu où il fallait ne plus apaiser ces mouvemens par condescendance, mais les vaincre par énergie. Je crus donc devoir insister. Ainsi, quand, dégoûté d'un travail (dont à la vérité il ne concevait pas le but, et dont il était bien naturel qu'il se lassât) il lui arrivait de prendre les morceaux de carton, de les jeter à terre avec dépit et de gagner son lit avec fureur, je laissais passer une ou deux minutes; je revenais à la charge avec le plus de sang-froid possible; je lui faisais ramasser tous ses cartons, éparpillés dans sa chambre, et ne lui donnais de répit, qu'ils ne fussent replacés convenablement. Mon obstination ne réussit que quelques jours, et fut, à la fin, vaincue par ce caractère indépendant. Ses mouvemens de colère devinrent plus fréquens, plus violens, et simulèrent des accès de rage semblables à ceux dont j'ai déjà parlé, mais avec cette différence frappante, que les effets en étaient moins dirigés vers les personnes que vers les choses. Il s'en allait alors, dans cet esprit destructeur, mordant ses draps, les couvertures de son lit, la tablette même de la cheminée, dispersant dans sa chambre les chenets, les cendres et les tisons enflammés, et finissant par tomber dans des convulsions qui avaient de commun avec celles de l'épilepsie, une suspension complète des fonctions sensoriales. Force me fut de céder, quand les choses en furent à ce point effrayant; et néanmoins ma condescendance ne fit qu'accroître le mal: les accès en devinrent plus fréquens, et susceptibles de se renouveler à la moindre contrariété, souvent même sans cause déterminante.

Mon embarras devint extrême. Je voyais le moment où tous mes soins n'auraient réussi qu'à faire, de ce pauvre enfant, un malheureux épileptique. Encore quelques accès, et la force de l'habitude établissait une maladie des plus affreuses et des moins curables. Il fallait donc y remédier au plutôt, non par les médicamens, si souvent infructueux; non par la douceur, dont on n'avait plus rien à espérer; mais par un procédé perturbateur, à-peu-près pareil à celui qu'avait employé Boerhaave dans l'hôpital de Harlem. Je me persuadai bien que si le premier moyen dont j'allais faire usage manquait son effet, le mal ne ferait que s'exaspérer, et que tout traitement de la même nature deviendrait inutile. Dans cette ferme conviction, je fis choix de celui que je crus être le plus effrayant pour un être qui ne connaissait encore, dans sa nouvelle existence, aucune espèce de danger.

Quelque-tems auparavant, mad^me. Guérin étant avec lui à l'Observatoire, l'avait conduit sur la plate-forme qui est, comme l'on sait, très élevée. À peine est-il parvenu à quelque distance du parapet, que saisi d'effroi et d'un tremblement universel, il revient à sa gouvernante, le visage couvert de sueur, l'entraîne par le bras vers la porte, et ne trouve un peu de calme que lorsqu'il est au pied de l'escalier. Quelle pouvait être la cause d'un pareil effroi? c'est ce que je ne recherchai point; il me suffisait d'en connaître l'effet, pour le faire servir à mes desseins. L'occasion se présenta bientôt, dans un accès des plus violens, que j'avais cru devoir provoquer par la reprise de nos exercices. Saisissant alors le moment où les fonctions des sens n'étaient point encore suspendues, j'ouvre avec violence la croisée de sa chambre, située au quatrième étage, et donnant perpendiculairement sur de gros quartiers de pierre; je m'approche de lui avec toutes les apparences de la fureur, et le saisissant fortement par les hanches, je l'expose sur la fenêtre, la tête directement tournée vers le fond de ce précipice. Je l'en retirai quelques secondes après, pâle, couvert d'une sueur froide, les yeux un peu larmoyans, et agité encore de quelques légers tressaillemens, que je crus appartenir aux effets de la peur. Je le conduisis vers ses tableaux. Je lui fis ramasser ses cartons, et j'exigeai qu'ils fussent tous replacés. Tout cela fut exécuté, à la vérité très-lentement, et plutôt mal que bien; mais au moins sans impatience. Ensuite il alla se jeter sur son lit, où il pleura abondamment.

C'était la première fois, à ma connaissance du moins, qu'il versait des larmes. La circonstance dont j'ai déjà rendu compte, et dans laquelle le chagrin d'avoir quitté sa gouvernante, ou le plaisir de la retrouver, lui en fit répandre, est postérieure à celle-ci; si je l'ai fait précéder dans ma narration, c'est que dans mon plan, j'ai moins suivi l'ordre des tems, que l'exposition méthodique des faits.

Cet étrange moyen fut suivi d'un succès, sinon complet, au moins suffisant. Si son dégoût pour le travail ne fut pas entièrement surmonté, au moins fut-il beaucoup diminué, sans être jamais suivi d'effets pareils à ceux dont nous venons de rendre compte. Seulement, dans les occasions où on le fatiguait un peu trop, de même que lorsqu'on le forçait à travailler à des heures consacrées à ses sorties ou à ses repas, il se contentait de témoigner de l'ennui, de l'impatience, et de faire entendre un murmure plaintif qui finissait ordinairement par des pleurs.

Ce changement favorable nous permit de reprendre avec exactitude le cours de nos exercices, que je soumis à de nouvelles modifications, propres à fixer encore plus son jugement. Je substituai aux figures collées sur les tableaux, et qui étaient, comme je l'ai déjà dit, des plans entiers, représentant des figures géométriques, des dessins linéaires de ces mêmes plans. Je me contentai aussi d'indiquer les couleurs par de petits échantillons de forme irrégulière, et nullement analogues par leur conformation à celle des cartons colorés. Je puis dire que ces nouvelles difficultés ne furent qu'un jeu pour l'enfant; résultat qui suffisait au but que je m'étais proposé en adoptant ce système de comparaisons grossières. Le moment était venu de le remplacer par un autre beaucoup plus instructif, et qui eût présenté des difficultés insurmontables, si elles n'avaient été applanies d'avance par le succès des moyens que nous venions d'employer pour surmonter les premières.

Je fis imprimer en gros caractères, sur des morceaux de carton de deux pouces, les vingt-quatre lettres de l'alphabet. Je fis tailler, dans une planche d'un pied et demi carré, un nombre égal de cases, dans lesquelles je fis insérer les morceaux de carton, sans les y coller cependant, afin que l'on pût les changer de place au besoin. On construisit en métal, et dans les mêmes dimensions, un nombre égal de caractères. Ceux-ci étaient destinés à être comparés par l'élève aux lettres imprimées, et classés dans leurs cases correspondantes. Le premier essai de cette méthode fut fait, en mon absence, par Mme. Guérin; je fus fort surpris d'apprendre par elle, à mon retour, que *Victor* distinguait tous les caractères et les classait convenablement. L'épreuve en fut faite aussitôt et sans la moindre faute. Ravi d'un succès aussi rapide, j'étais loin encore de pouvoir en expliquer la cause; et ce ne fut que quelques jours après qu'elle se présenta à moi dans la manière dont notre élève procédait à cette classification. Pour se la rendre plus facile, il s'était avisé lui-même d'un petit expédient qui le dispensait, dans ce travail, de mémoire, de comparaison et de jugement. Dès qu'on lui mettait le tableau entre les mains, il n'attendait pas qu'on enlevât de leurs cases les lettres métalliques; il les retirait et les empilait sur sa main, en suivant l'ordre de leur classification; de sorte que la dernière lettre de l'alphabet se trouvait, après le dépouillement complet du tableau, être la première de la pile. C'était aussi par celle-là qu'il commençait, et par la dernière de la pile qu'il finissait, prenant conséquemment le tableau par la fin, et procédant toujours de droite à gauche. Ce n'est pas tout: ce procédé était susceptible, selon lui, de perfectionnement; car assez souvent la pile crevait, les caractères s'échappaient; il fallait alors débrouiller tout cela, et le mettre en ordre par les seuls efforts de l'attention. Les vingt-quatre lettres se trouvaient disposées sur quatre rangs, de six chacun; il était donc plus simple de ne les enlever que par rangées et de les replacer de même, de manière à ne passer au dépouillement de la seconde file, que lorsque la première serait rétablie.

J'ignore s'il faisait le raisonnement que je lui prête; au moins est-il sûr qu'il exécutait la chose comme je le dis. C'était donc une véritable routine, mais une routine de son invention et qui faisait peut-être autant d'honneur à son intelligence, qu'une classification méthodique en fit bientôt à son discernement. Il ne fut pas difficile de le mettre sur cette voie, en lui donnant les caractères pêle-mêle, toutes les fois qu'on lui présentait le tableau. Enfin, malgré les inversions fréquentes que je faisais subir aux caractères imprimés en les changeant de case; malgré quelques dispositions insidieuses données à ces caractères, comme de placer le *G* à côté du *C*, l'*E* à côté de l'*F*, etc.; son discernement était imperturbable. En l'exerçant sur tous ces caractères, j'avais eu pour but de préparer *Victor* à les faire servir à leur usage, sans doute primitif, c'est-à-dire à l'expression des besoins que l'on ne peut manifester par la parole. Loin de croire que je fûsse déjà si près de cette grande époque de son éducation, ce fut un esprit de curiosité, plutôt que l'espoir du succès, qui me suggéra l'expérience que voici.

Un matin qu'il attendait impatiemment le lait dont il fait journellement son déjeûner, je pris dans son tableau et disposai sur une planche, que j'avais la veille préparée exprès, ces quatre lettres: *L. A. I. T.* Mme. Guérin, que j'avais prévenue, s'approche, regarde les caractères et me donne de suite une tasse pleine de lait, dont je fais semblant de vouloir disposer pour moi-même. Un moment après je m'approche de *Victor*; je lui donne les quatre lettres que je venais d'enlever de dessus la planche; je la lui indique d'une main, tandis que de l'autre je lui présente le vase plein de lait. Les lettres furent aussitôt replacées, mais dans un ordre tout-à-fait inverse, de sorte qu'elles donnèrent *TIAL* au lieu de *LAIT*. J'indiquai alors les corrections à faire, en désignant du doigt les lettres à transposer et la place qu'il fallait donner à chacune: lorsque ces changemens eurent reproduit le signe de la chose, je ne la fis plus attendre.

On aura de la peine à croire que cinq ou six épreuves pareilles aient suffi, je ne dis pas pour lui faire arranger méthodiquement les quatre lettres du mot *lait*, mais aussi, le dirai-je, pour lui donner l'idée du rapport qu'il y a entre cette disposition alphabétique et l'un de ses besoins, c'est-à-dire entre le mot et la chose. C'est du moins ce que l'on est fortement autorisé à soupçonner, d'après ce qui lui arriva huit jours après cette première expérience. On le vit, prêt à partir le soir pour l'observatoire, se munir, de son propre mouvement, des quatre lettres en question; les mettre dans sa poche, et à peine arrivé chez le citoyen Lemeri, où, comme je l'ai dit plus haut, il va tous les jours goûter avec du lait, produire ces caractères sur une table, de manière à former le mot *lait*...

J'étais dans l'intention de récapituler ici tous les faits disséminés dans cet ouvrage; mais j'ai pensé que quelque force qu'ils pussent acquérir par leur réunion, elle n'équivaudrait jamais à celle de ce dernier résultat. Je le consigne, pour ainsi dire nu et dépouillé de toutes réflexions, pour qu'il puisse marquer d'une manière plus frappante l'époque où nous sommes parvenus, et devenir garant de celle où il nous faut arriver. En attendant, on peut toujours conclure de la plupart de mes observations, de celles sur-tout qu'on a puisées dans ces deux dernières VUES, que l'enfant, connu sous le nom de *sauvage de l'Aveyron*, est doué du libre exercice de tous ses sens; qu'il donne des preuves continuelles d'attention, de réminiscence, de mémoire; qu'il peut comparer, discerner et juger, appliquer enfin toutes les facultés de son entendement à des objets relatifs à son instruction. On remarquera, comme un point essentiel, que ces changemens heureux sont survenus dans le court espace de neuf mois, chez un sujet que l'on croyait incapable d'attention; et l'on en conclura que son éducation est possible, si elle n'est pas même déjà garantie par ces premiers succès, indépendamment de ceux qu'on doit nécessairement espérer du tems, qui dans sa marche invariable, semble donner à l'enfance, en force et en développemens, tout ce qu'il ôte à l'homme au déclin de la vie[14].

[14] C'est aux Observateurs éclairés à venir s'assurer par eux-mêmes, de la vérité de ces résultats. Eux seuls peuvent juger de la valeur des faits, en apportant à leur examen un esprit judicieux et versé dans la science de l'entendement. L'appréciation de l'état moral de notre sauvage, est plus difficile qu'on ne pense. L'expérience journalière et toutes les idées reçues, sont là pour égarer le jugement. *Si l'habitude où nous sommes*, dit Condillac dans un cas assez analogue, *de nous aider des signes, nous permettait de remarquer tout ce que nous leur devons, nous n'aurions qu'à nous mettre à la place de ce jeune homme, pour comprendre combien il pouvait acquérir peu de connaissances; mais nous jugeons toujours d'après notre situation.* Il faut encore, pour juger sainement, en cette circonstance, ne pas tenir l'enfant pour vû après un seul examen; mais l'observer et l'étudier à diverses reprises, dans tous les momens de la journée, dans chacun de ses plaisirs, au milieu de ses petits exercices, etc.; toutes ces conditions sont de rigueur. Elles ne suffisent même pas, si, pour établir une exacte comparaison entre le présent et le passé, l'on n'a vu de ses propres yeux, le *Sauvage de l'Aveyron* dans les premiers mois de son séjour à Paris. Ceux qui ne l'ont point observé à cette époque et qui le verraient actuellement, ne trouveraient en lui qu'un enfant *presqu'ordinaire*, qui ne parle point; ils ne pourraient moralement apprécier la distance qui sépare ce sujet

presqu'ordinaire, du *Sauvage de l'Aveyron*, nouvellement entré dans la société; distance en apparence bien légère, mais véritablement immense, lorsqu'on l'approfondit, et qu'on calcule à travers quelle série de raisonnemens nouveaux et d'idées acquises, il a dû parvenir à ces derniers résultats.

Et cependant, quelles conséquences majeures, relatives à l'histoire philosophique et naturelle de l'homme, découlent déjà de cette première série d'observations! Qu'on les rassemble; qu'on les classe avec méthode; qu'on les réduise à leur juste valeur, et l'on y verra la preuve matérielle des plus importantes vérités, de ces vérités dont Locke et Condillac ne durent la découverte qu'à la force de leur génie et à la profondeur de leurs méditations. Il m'a paru, du moins, qu'on pourrait en déduire:

1°. Que l'homme est inférieur à un grand nombre d'animaux dans le pur *état de nature*[15]; état de nullité et de barbarie, qu'on a sans fondement revêtu des couleurs les plus séduisantes; état dans lequel l'individu, privé des facultés caractéristiques de son espèce, traîne misérablement, sans intelligence comme sans affections, une vie précaire et réduite aux seules fonctions de l'animalité.

[15] Je ne doute point que si l'on isolait, dès le premier âge, deux enfans, l'un mâle, l'autre femelle, et que l'on en fît autant de deux quadrupèdes, choisis dans l'espèce la moins intelligente, ces derniers ne se montrassent de beaucoup supérieurs aux premiers dans les moyens de pourvoir à leurs besoins, et de veiller, soit à leur propre conservation, soit à celle de leurs petits.

2°. Que cette supériorité morale, que l'on dit être *naturelle* à l'homme, n'est que le résultat de la civilisation qui l'élève au-dessus des autres animaux par un grand et puissant mobile. Ce mobile est la sensibilité prédominante de son espèce; propriété essentielle d'où découlent les facultés imitatives, et cette tendance continuelle qui le force à chercher dans de nouveaux besoins des sensations nouvelles.

3°. Que cette force imitative, destinée à l'éducation de ses organes, et sur-tout à l'apprentissage de la parole, très-énergique et très-active dans les premières années de la vie, s'affaiblit rapidement par les progrès de l'âge, l'isolement et toutes les causes qui tendent à émousser la sensibilité nerveuse; d'où il résulte que l'articulation des sons, qui est sans contredit de tous les effets de l'imitation le résultat le plus inconcevable et le plus utile, doit éprouver des obstacles sans nombre, dans un âge qui n'est plus celui de la première enfance.

4°. Qu'il existe chez le sauvage le plus isolé, comme chez le citadin élevé au plus haut point de civilisation, un rapport constant entre leurs idées et leurs besoins; que la multiplicité toujours croissante de ceux-ci chez les peuples policés, doit être considérée comme un grand moyen de développement de l'esprit humain: de sorte qu'on peut établir comme proposition générale, que toutes les causes accidentelles, locales ou politiques, qui tendent à augmenter ou à diminuer le nombre de nos besoins, contribuent nécessairement à étendre ou à rétrécir la sphère de nos connaissances et le domaine de la science, des beaux-arts et de l'industrie sociale.

5°. Que dans l'état actuel de nos connaissances physiologiques, la marche de l'enseignement peut et doit s'éclairer des lumières de la médecine moderne, qui, de toutes les sciences naturelles, peut coopérer le plus puissamment au perfectionnement de l'espèce humaine, en appréciant les anomalies organiques et intellectuelles de chaque individu, et déterminant par-là ce que l'éducation doit faire pour lui, ce que la société peut en attendre.

Il est encore quelques considérations non moins importantes, que je me proposais d'associer à ces premières données; mais les développemens qu'elles eussent exigés auraient outre-passé les bornes et le dessein de cet opuscule. Je me suis d'ailleurs apperçu, en comparant mes observations avec la doctrine de quelques-uns de nos métaphysiciens, que je me trouvais, sur certains points intéressans, en désaccord avec eux. Je dois attendre en conséquence des faits plus nombreux, et par-là même plus concluans. Un motif à-peu-près analogue ne m'a pas permis, en parlant de tous les développemens du jeune *Victor*, de m'appésantir sur l'époque de sa puberté, qui s'est prononcée depuis quelques semaines d'une maniere presque explosive, et dont les premiers phénomènes jettent beaucoup de doute sur l'origine de certaines affections du cœur, que nous regardons comme très *naturelles*. J'ai dû, de même ici, ne pas me presser de juger et de -100- conclure; persuadé qu'on ne peut trop laisser mûrir par le tems, et confirmer par des observations ultérieures, toutes considérations qui tendent à détruire des préjugés, peut-être respectables, et les plus douces comme les plus consolantes illusions de la vie sociale.

Milton Keynes UK
Ingram Content Group UK Ltd.
UKHW051154240324
439902UK00005B/225